AF711329

BAUTISMO EN EL ESPÍRITU SANTO

Comisión Doctrinal para el Servicio Internacional de la Renovación Carismática Católica (ICCRS)

Título original: Baptism in the Holy Spirit
Copyright © 2012 Servicio Internacional de la Renovación Carismática Católica.
Traducción al español de María del Carmen Ramírez Palomares

Índice

Prólogo

Con gran alegría el Servicio Internacional de la Renovación Carismática Católica (ICCRS por sus siglas en inglés) ha podido presentar ahora este libro para la Renovación Carismática Católica y, en efecto, para toda la Iglesia. Como un buen vino este texto ha ido emergiendo y se ha ido refinando durante mucho tiempo. Comenzó como una respuesta a las numerosas peticiones que estábamos recibiendo en el ICCRS de parte de líderes de todo el mundo quienes solicitaban un documento que les proporcionara elementos de reflexión teológica sobre el significado de Bautismo en el Espíritu, acompañada de directrices pastorales para recibir y vivir esta gracia.

El trabajo inicial comenzó en 2008, año en el que la Comisión Doctrinal del ICCRS entabló sus primeras reflexiones bajo la dirección del obispo Joe Grech. Gradualmente fue recopilado un primer borrador, que posteriormente fue enviado a varios teólogos carismáticos y líderes en diferentes partes del mundo, a fin de obtener una mayor comprensión desde una perspectiva verdaderamente internacional. Tras este proceso, se hicieron revisiones al borrador original y se produjo un texto revisado, el cual conformó las bases para el "Coloquio Internacional sobre el Bautismo en el Espíritu Santo", celebrado en Roma en 2011, bajo el patrocinio del Consejo Pontificio para los Laicos. Lamentablemente el obispo Joe Grech falleció en diciembre de 2010, pero sabíamos que él habría querido que el proyecto continuara, de modo que el Coloquio siguió adelante con ánimo renovado y bajo el liderazgo de la Dra. Mary Healy. Alrededor de 150 líderes invitados de 44 países se reunieron para este evento. Fue una ocasión histórica que involucró a muchos "veteranos" de la Renovación Carismática Católica, quienes reflexionaron junto con líderes y teólogos más jóvenes. Se sentía también la necesidad de escucharse mutuamente con atención y de respetar las diferentes perspectivas culturales. Tras el Coloquio, se hicieron nuevas revisiones al texto y ahora estamos muy contentos de compartir los frutos de nuestro trabajo en este libro. No obstante, cabe señalar que esta importante reflexión acerca del Bautismo en el Espíritu, que sin duda es el corazón de la Renovación Carismática Católica, está en desarrollo y, en cierto sentido, es todavía un trabajo en progreso.

En nombre del ICCRS, me gustaría dar las gracias a todos aquellos que han desempeñado alguna labor en la producción de este libro. Estamos especialmente agradecidos con los colaboradores y con los participantes en el Coloquio y con los muchos asesores de todo el mundo. Un agradecimiento especial para la Dra. Mary Healy y para Mons. Peter Hocken, quienes son la columna vertebral de la Comisión Doctrinal del ICCRS y los principales autores de este texto. En lo personal, también me gustaría agradecer a Su Eminencia el Cardenal

Stanislaw Rylko, presidente del Pontificio Consejo para los Laicos, por su apoyo y orientación constante.

Estoy segura de que este texto tan anhelado demostrará ser un recurso muy útil tanto para los que están dentro de la Renovación Carismática, como para todos aquellos que buscan entender más plenamente la gracia del Bautismo en el Espíritu Santo.

Sra. Michelle Moran
Presidenta del Servicio Internacional de la Renovación Carismática Católica (ICCRS)
Abril de 2012

Introducción

El domingo de Pentecostés de 2008, el Papa Benedicto XVI pronunció estas relevantes palabras:

> "Hoy quisiera extender esta invitación a todos: Redescubramos, queridos hermanos y hermanas, la belleza de haber sido bautizados en el Espíritu Santo; volvamos a tomar conciencia de nuestro Bautismo y de nuestra Confirmación, manantiales de gracia siempre actual. Pidamos a la Virgen María que obtenga también hoy para la Iglesia un renovado Pentecostés, que infunda en todos, de modo especial en los jóvenes, la alegría de vivir y testimoniar el Evangelio".[1]

En el mismo mensaje, el Santo Padre señaló que el libro de los Hechos de los Apóstoles presenta la efusión del Espíritu Santo en Pentecostés como el "coronamiento de toda la misión de Jesús" y el cumplimiento de la profecía de Juan el Bautista: "El que viene después de mí... los bautizará en el Espíritu Santo" (Mt 3,11). El Papa añadió:

> «En efecto, toda la misión de Jesús estaba orientada a donar el Espíritu de Dios a los hombres

y a bautizarlos en su "baño" de regeneración. Esto se realizó con su glorificación (cf. Jn 7, 39); es decir, mediante su muerte y resurrección. Entonces, el Espíritu de Dios se derramó de modo sobreabundante, como una cascada capaz de purificar todos los corazones, de apagar el incendio del mal y de encender en el mundo el fuego del amor divino».[2]

En estas declaraciones el papa Benedicto XVI proporciona a la Iglesia una comprensión totalmente bíblica y cristocéntrica del Bautismo en el Espíritu. Desde este punto de vista podemos entender la gracia del Bautismo en el Espíritu tal como ha sido experimentada en la Renovación Carismática Católica.

La Renovación Carismática Católica es un movimiento dentro de la Iglesia Católica que comenzó poco después del Concilio Vaticano II y cuya fecha de origen comúnmente ha sido fijada en el retiro de fin de semana realizado por varios profesores de facultad y estudiantes de la Universidad de Duquesne en Pittsburgh, Pensilvania, Estados Unidos, en febrero de 1967. En ese retiro los estudiantes cantaron el antiguo himno *"Veni Creator Spiritus"* (Ven, Espíritu Creador) y oraron fervorosamente a Dios para ahondar la gracia de su bautismo y confirmación. Durante ese fin de semana muchos de los estudiantes experimentaron un poderoso derramamiento del Espíritu[3], junto con el don de lenguas, de profecía y otros carismas. Esta "experiencia de Pentecostés" rápidamente se extendió a otras universidades y continuó esparciéndose por todo el mundo, al punto que la Renovación Carismática Católica existe hoy en más de 238 países y ha tocado a más de 120 millones de católicos.[4]

El acontecimiento de Duquesne se suscitó por la influencia de otros cristianos que habían sido bautizados en el Espíritu, así como por el impulso renovador del Concilio Vaticano II.[5] El Bautismo en el Espíritu Santo ya había sido experimentado dentro del movimiento pentecostal durante sesenta años y dentro de los grupos religiosos del protestantismo histórico por un periodo de entre siete y diez años.[6] Los profesores, en el fin de semana de Duquesne, habían sido previamente bautizados en el Espíritu, a través de un pequeño grupo de oración carismática formado por cristianos de diferentes confesiones, y los alumnos se habían preparado para el fin de semana por medio de la lectura del libro de los Hechos de los Apóstoles y del libro *La cruz y el puñal,* escrito por el predicador pentecostal David Wilkerson.

En retrospectiva, es posible ver cómo la providencia de Dios ha actuado misteriosamente en los acontecimientos de la historia, en preparación de este nuevo derramamiento del Espíritu en el siglo XX. En 1897, a instancias de la hermana (ahora ya beata) Elena Guerra, fundadora de las Hermanas Oblatas del Espíritu Santo, el papa León XIII escribió la encíclica *Divinum Illud Munus* (Aquella divina misión: sobre la presencia y virtud admirable del Espíritu Santo) en la que llamó a la Iglesia a una renovada devoción al Espíritu Santo. El Papa también pidió a los católicos que rezaran una novena al Espíritu Santo cada año entre las fiestas de la Ascensión y de Pentecostés, especialmente en intención por la unidad de los cristianos. El 1 de enero de 1901, nuevamente a instancias de la hermana Elena, el Papa invocó al Espíritu Santo en el siglo XX con el canto del himno *"Veni Creator Spiritus"* (Ven Espíritu Creador) en nombre de toda la Iglesia. Ese mismo día, en el Instituto Bíblico Betel en Topeka, Kansas, Estados Unidos, se produjo una efusión del Espíritu Santo, la cual es generalmente aceptada como el principio del Pentecostalismo. A partir de ahí, las reuniones de reanimación celebradas en la calle Azusa en Los Ángeles en 1906, lideradas por William J. Seymour, impulsaron el Movimiento Pentecostal en todos los continentes en el transcurso de dos años.[7] Actualmente se estima que más de 500 millones de cristianos en todo el mundo han sido bautizados en el Espíritu Santo.[8]

El Concilio Vaticano II (1962-1965) estableció una base doctrinal que brindó condiciones más inmediatas para la Renovación Carismática Católica. Fue particularmente importante el reconocimiento en *Lumen Gentium,* del papel permanente de los carismas en la vida de la Iglesia y el llamado a darles la bienvenida de una manera más perspicaz. También fueron significativos tanto la doctrina de la *Lumen Gentium* sobre el papel de los laicos en la Iglesia, así como la doctrina de la *Dei Verbum* acerca de hacer accesible la Sagrada Escritura a todos los fieles, y el *Decreto sobre el Ecumenismo* con su reconocimiento de la presencia y actividad del Espíritu Santo en otros grupos religiosos cristianos.

El origen y el crecimiento de la Renovación Carismática Católica se han dado en un momento de la historia, en el que la

Iglesia se enfrenta a retos sin precedentes debido a la rápida secularización. Como el santo papa Juan Pablo II señaló: “Ha pasado ya, incluso en los países de antigua evangelización, la realidad de una ‘sociedad cristiana’, la cual, aún con las múltiples debilidades humanas, se basaba explícitamente en los valores evangélicos”.[9] El papa Benedicto XVI ha advertido que “en nuestro tiempo (...) en amplias zonas de la tierra la fe está en peligro de apagarse como una llama que no encuentra ya su alimento. (...) El auténtico problema en este momento actual de la historia es que Dios desaparece del horizonte de los hombres y, con el apagarse de la luz que proviene de Dios, la humanidad se ve afectada por la falta de orientación, y los efectos destructivos se ponen cada vez más de manifiesto”.[10] La ausencia de Dios en la sociedad contemporánea deja un profundo vacío interior, que la gente busca llenar con todo tipo de falsificaciones espirituales. Hay una creciente cultura del narcisismo, en la cual los valores más altos se ubican en la autorrealización, el atractivo físico, el placer y la acumulación de posesiones. Esto, a su vez, ha contribuido a la desintegración de la familia y las agresiones contra la dignidad humana que san Juan Pablo II describió como la “cultura de la muerte”.

Ante tal escenario, existe una mayor necesidad de personas dispuestas al encuentro con el Dios vivo. A través del Bautismo en el Espíritu Santo, muchos han llegado a conocer a Dios como un Padre amoroso que actúa en nuestras vidas de manera perceptible: que habla, guía, protege, sana y da a sus hijos la plenitud de la vida. Este descubrimiento aporta una esperanza inquebrantable tanto para los individuos como para la Iglesia, frente a un desánimo generalizado. La acción soberana de Dios en nuestro tiempo ha llevado a una nueva expectativa en la venida del Señor y de su reino. En todas estas formas y mucho más, el Bautismo en el Espíritu Santo está respondiendo a las necesidades más profundas de la Iglesia en nuestros días y la está preparando para el futuro.

El propósito del presente documento es ofrecer reflexiones teológicas sobre el significado del Bautismo en el Espíritu, así como directrices pastorales para recibir y vivir esta gracia entre los fieles, tanto individual como grupalmente. La mayor parte del contenido de este documento es aplicable a toda la Iglesia, en la medida en que el Bautismo en el Espíritu Santo es una gracia para todo el cuerpo de Cristo y no solamente para la Renovación Carismática. No obstante, el texto va dirigido principalmente a los líderes de la Renovación, debido a que la necesidad de un documento de este tipo, surgió de sus preguntas que se presentaron en diversas situaciones pastorales alrededor del mundo.

Puesto que el Bautismo en el Espíritu Santo es una gracia que renueva la totalidad de la vida cristiana, alude a casi todos los aspectos de la espiritualidad católica y de la práctica pastoral. Esta pequeña obra tratará solamente aquellos aspectos que son más directamente relevantes para la experiencia de la Renovación Carismática Católica en el mundo y para la renovación de una "espiritualidad de Pentecostés" en la Iglesia actual. Los temas siguen un orden similar al del documento previo del ICCRS sobre las *Directrices para las oraciones de sanación.*[11] La primera parte está destinada a una descripción del Bautismo en el Espíritu Santo, sus características y las gracias que lo acompañan. La segunda parte presenta los antecedentes bíblicos y patrísticos pertinentes. La tercera parte ofrece una reflexión teológica. Finalmente, la cuarta parte aborda cuestiones pastorales recogidas por la experiencia y la difusión de la gran obra del Espíritu Santo.

Primera parte: Características y frutos del Bautismo en el Espíritu

El Bautismo en el Espíritu Santo es una experiencia del amor de Dios Padre, el cual es vertido en el corazón del hombre por el Espíritu Santo y recibido a través de una entrega al señorío de Jesucristo. Tal experiencia de amor es transformadora de vida. El Bautismo en el Espíritu Santo reaviva el bautismo y la confirmación sacramentales, profundiza la comunión con Dios y con los hermanos cristianos, enciende el fervor evangélico y dota a la persona de carismas para el servicio y la misión. Esta obra de Dios, que ha estado presente desde el comienzo de la Iglesia, no puede limitarse a una corriente o movimiento. No obstante, el presente documento se centra en el Bautismo en el Espíritu según ha sido manifestado en la Renovación Carismática Católica. Dos razones explican este enfoque: en primer lugar, la realidad del Bautismo en el Espíritu ha sido traída a la atención de la Iglesia en nuestro tiempo a través de la obra del Espíritu Santo en la Renovación; en segundo lugar, el Bautismo en el Espíritu ha sido recibido y entendido como la gracia central en el corazón de la Renovación. A través del

Bautismo en el Espíritu, la experiencia del primer Pentecostés se ha hecho presente nuevamente en nuestro tiempo. Todos los demás frutos de la Renovación fluyen del Bautismo en el Espíritu y a su vez explican esta gracia fundacional.

1. Una sorpresa del Espíritu

Desde el comienzo de la renovación carismática,[12] el Bautismo en el Espíritu Santo ha sido experimentado como un don supremo de Dios, que no depende de ningún mérito humano o actividad.[13] La Renovación Carismática Católica también surgió como una gracia inesperada, una sorpresa del Espíritu, no planificada y sin metas formuladas ni programas. La Renovación no tiene a alguien que pueda identificarse como su fundador; sin embargo, las muchas comunidades que surgieron dentro de ella sí tienen fundadores o fundadoras. Las historias de los orígenes de la Renovación muestran que los católicos fueron bautizados en el Espíritu en muchos contextos diferentes y de muy diversas maneras. Algunos recibieron esta gracia de las plegarias hechas por otros ya bautizados en el Espíritu; algunos, durante su oración privada; otros la recibieron en grupos de estudio y de oración con la Sagrada Escritura, y algunos más por medio de los testimonios que leyeron o escucharon de otros.

Debido a que surgió como una gracia inesperada, la Renovación Carismática no tiene miembros en la forma en que los suelen tener los movimientos organizados y las comunidades. Forman parte de la Renovación las personas que, en primer lugar, han sido bautizadas en el Espíritu Santo y que, posteriormente, confirman esta gracia y procuran ser fiel a ella dentro de la Iglesia. La organización del movimiento fue posterior a sus inicios. Las primeras estructuras formadas dentro de la Renovación fueron llamadas "comités de servicio" y no reclamaban ninguna autoridad sobre las comunidades y los grupos que emergían. Los cursos de preparación para que las personas fueran bautizadas en el Espíritu Santo, tales como los Seminarios de Vida en el Espíritu, fueron ideados posteriormente para ayudar a la recepción fructífera de esta gracia.

2. Rasgos característicos del Bautismo en el Espíritu

Las características del Bautismo en el Espíritu fueron bien resumidas por uno de los participantes en el fin de semana de Duquesne de 1967:

> Nuestra fe ha cobrado vida, nuestras creencias se han convertido en una especie de conocimiento. De pronto, el mundo de lo sobrenatural se ha convertido en más real que el natural. En resumen, Jesucristo es una persona real para nosotros, una persona real que es nuestro Señor y que toma parte activa en nuestras vidas. Leímos el Nuevo Testamento como si fuera literalmente verdadero, actual, en cada palabra, en cada línea. La oración y los sacramentos se han convertido realmente en nuestro pan de cada día, en vez de prácticas que reconocemos como 'buenas para nosotros'. Un amor por la Sagrada Escritura, un amor por la Iglesia que nunca creí posible, una transformación en nuestras relaciones con los demás, una necesidad y un poder

> de testimonio más allá de cualquier expectativa, todo esto se ha convertido en parte de nuestras vidas. La experiencia inicial del Bautismo en el Espíritu no fue emotiva en absoluto, pero la vida se ha cubierto de calma, de confianza, de dicha y de paz (...) Cantamos el 'Veni Creator Spiritus' antes de cada conferencia y en realidad le dimos sentido. No nos decepcionamos (...) También fuimos colmados con los carismas. Esto también nos puso en una atmósfera ecuménica al máximo.[14]

Esta sección describirá más detalladamente los rasgos característicos del Bautismo en el Espíritu y sus efectos en la vida de los creyentes. La distribución de los temas de esta sección no refleja un orden de importancia o una cronología de los efectos. Algunos rasgos son típicamente intrínsecos a la experiencia de recibir el Bautismo en el Espíritu Santo, mientras que otros son frutos que a menudo se desarrollan posteriormente.

2.1 Nueva conciencia de la realidad y de la presencia del Dios trino

El efecto más inmediato del Bautismo en el Espíritu es una nueva conciencia y comunión con el Padre, el Hijo y el Espíritu Santo. En este sentido, el Bautismo en el Espíritu corresponde estrechamente con lo que san Juan Pablo II a menudo describió como un encuentro con el Cristo vivo.[15] Jesús es experimentado como el Salvador y el Señor que actúa indulgentemente en nuestras vidas hoy. El encuentro con Jesús trae una profunda conciencia del amor del Padre, derramado en nuestros corazones por medio del Espíritu Santo (Rm 5, 5). Hay un nuevo entendimiento de la presencia y del poder del Espíritu, a través del cual existencialmente sabemos que "Jesús es el Señor" (1,° Cor 12, 3) y clamamos desde nuestros corazones: "Abba, Padre" (Rm 8, 15). Las realidades de la fe cristiana cobran vida. Quien es bautizado en el Espíritu puede decir con Juan: "lo que hemos oído, lo que hemos visto con nuestros ojos, lo que contemplamos, lo que palpamos con nuestras manos, (...) eso les anunciamos" (1.° Jn 1,1-3).

2.2 Poder para la santificación

El Bautismo en el Espíritu es un descubrimiento del poder del Espíritu Santo para conducirnos a una conversión más profunda y a la santidad de vida. Esto se manifiesta a menudo en una recién hallada fuerza para resistir tendencias pecaminosas, en una liberación de adicciones o de patrones arraigados de pecado, y en la sanación de las relaciones, especialmente en el matrimonio y en la familia. La cruz y resurrección de Jesucristo llegan a ser conocidas no solo como un acontecimiento del pasado, sino como una fuente presente de gracia que nos capacita para morir al pecado y vivir para Dios. Se da una atención recién despierta a las persuasiones del Espíritu Santo, la cual conduce a una obediencia más profunda al Señor. El crecimiento en la santidad se convierte menos en un asunto de esfuerzo personal y más en una rendición al Espíritu Santo. Donde las personas responden a esta gracia de una manera consistente, hay una experiencia cierta de la vida cristiana como se describe en el Nuevo

Testamento: una vida ordenada de amor mutuo bajo la influencia del Espíritu Santo (véase Rm 12, 1-21; Ef 4, 1-3; Col 3, 12-17), que revela los frutos del Espíritu (Gál 5, 22-23).

2.3 Alabanza y cuito

El Bautismo en el Espíritu conduce a revitalizar el culto, en el corazón de quien proclama las alabanzas de Dios, ya sea con canciones o con palabras habladas, y a menudo con las manos levantadas. Como las personas están llenas del amor del Padre, y del conocimiento del señorío salvador de Jesús, responden espontáneamente con alabanza y culto. Se llenan de alegría, al tiempo que se unen en el movimiento de alabanza y adoración que alcanza su clímax en la doxología mayor al final de cada plegaria eucarística: "Por Cristo, con Él y en Él, a ti, Dios Padre omnipotente, en la unidad del Espíritu Santo, todo honor y toda gloria, por los siglos de los siglos". En esta renovación del culto trinitario, las enseñanzas del Concilio Vaticano II sobre la Iglesia y la liturgia encarnan en la vida del cuerpo de Cristo.[16]

Como el Espíritu Santo se cernió sobre la creación en sus orígenes, así el mismo Espíritu siempre creativo da lugar constantemente a nuevos patrones dentro de la tradición antigua. De este modo, entre los frutos del Bautismo en el Espíritu hay muchos signos de creatividad en el culto: una capacidad recién hallada para formular alabanzas a Dios en un lenguaje propio, tanto entre los menos educados, como entre los mejor educados; la recepción generalizada del don de lenguas, sobre todo como un regalo para la oración y la alabanza; el fenómeno del canto colectivo en el Espíritu, y una explosión de nuevas canciones y melodías que expresan la alabanza a Dios.[17]

2.4 Redescubrimiento de la oración, de la Sagrada Escritura y de los sacramentos

Los bautizados en el Espíritu Santo dan testimonio de una nueva sed de oración, de Sagrada Escritura y de sacramentos. Desde los primeros días de la Renovación, las personas se han reunido en grupos para orar bajo la guía del Espíritu Santo. La oración se convierte menos en un asunto rutinario y más en un asunto del corazón, en una respuesta espontánea de amor y gratitud a Dios y en una expresión de confianza en que Él nos proporciona indulgentemente todo lo que necesitamos. Muchos han encontrado que el Espíritu los conduce a la oración contemplativa y a la disciplina del ayuno.

La Sagrada Escritura cobra vida. Los bautizados en el Espíritu descubren a menudo, por primera vez, que la Sagrada Escritura es una Palabra viva, en la que Dios nos habla personalmente y en la que encontramos alimento y orientación para nuestra vida. Hay una sed de estudio de la Palabra, a fin de que nos pueda cambiar. Los textos que han sido leídos antes, adquieren una nueva claridad, ardor y relevancia. Por esta razón, la Renovación Carismática usualmente le da un lugar prominente a los estudios bíblicos y a la predicación y doctrina intensamente bíblica. A veces los creyentes sencillos que son bautizados en el Espíritu muestran una profunda comprensión de la Sagrada Escritura y una percepción profunda sobre los misterios cristianos.

Hay una nueva conciencia del poder y la presencia de Cristo en la liturgia de la Iglesia, especialmente en los sacramentos de la Eucaristía y la Reconciliación. Las personas que previamente estuvieron alejadas del Señor o que recibieron los sacramentos solo por costumbre, ahora los experimentan como fuentes de vida y desean recibirlos regularmente. El culto renovado que surge de esta gracia se ve más claramente en las celebraciones de la liturgia eucarística, que es la más profunda expresión colectiva de culto de todos los bautizados en Cristo.[18]

2.5 Nuevo amor por la Iglesia, por María y por los santos

Aquellos que son bautizados en el Espíritu encuentran un amor más profundo no solo por Jesús, sino también por su esposa, la Iglesia. Perciben a la Iglesia como una realidad sobrenatural animada por el Espíritu y no meramente como una institución humana. A través de la estrecha interacción con los demás, ellos experimentan personalmente cómo el Espíritu Santo trae unidad al cuerpo de Cristo en medio de la diversidad de dones.

A menudo, también hay un nuevo acercamiento a María, madre de Cristo y esposa del Espíritu Santo. Los católicos la reconocen como la primera discípula en llenarse del Espíritu Santo (Lc 1, 35), y como un modelo de fe, obediencia, oración y docilidad al Espíritu. Tal y como ella estuvo en el corazón del grupo apostólico orando en el cenáculo en espera de la efusión del Espíritu Santo (Hch 1,14), del mismo modo ahora su presencia e intercesión son buscadas ansiosamente por aquellos que se esfuerzan por responder de todo corazón a la gracia de Dios. En consecuencia, hay una nueva comprensión y apreciación de su papel como Madre de la Iglesia.

Del mismo modo, el Bautismo en el Espíritu, a menudo da a los católicos una apreciación más profunda de la santidad y de la doctrina de los santos. Así, los católicos redescubren las riquezas espirituales de la gran tradición cristiana de Oriente y de Occidente, y reciben vida y sabiduría de los clásicos espirituales del pasado.

2.6 Carismas

El Bautismo en el Espíritu trae consigo la liberación de carismas, especialmente los "dones espirituales" mencionados por San Pablo en la primera carta a los Corintios (12, 8-10).[19] Mientras estos carismas siempre han estado presentes en la Iglesia, en la Renovación Carismática han aparecido en una abundancia nueva y a todos los niveles, entre el clero, los religiosos y los laicos.[20] Estos carismas son entendidos como dones no precisamente para el que los ostenta, sino para la edificación de la Iglesia y la obra de evangelización.

Dondequiera que la Renovación es saludable y el ejercicio de los carismas es maduro, el énfasis no está en el carácter milagroso o extraordinario de estos dones, sino más bien en su capacidad de fungir de mediadores en el amor de Dios y edificar el cuerpo de Cristo. En particular, el don de lenguas se ha tornado bastante común y, en este sentido ordinario, sobre todo se ha convertido en un don de oración y alabanza.[21] En retrospectiva, podemos ver la maravillosa providencia de Dios en la doctrina del Concilio Vaticano II sobre los carismas:

Ei mismo Espíritu Santo no solo santifica y dirige al Pueblo de Dios mediante los sacramentos y los misterios y le adorna con virtudes, sino que también distribuye gracias especiales entre los fieles de cualquier condición, distribuyendo a cada uno según quiere (1.° Cor 12,11) sus dones, con los que les hace aptos y prontos para ejercer las diversas obras y deberes que sean útiles para la renovación y la mayor edificación de la Iglesia, según aquellas palabras: "A cada uno... se te otorga la manifestación del Espíritu para común utilidad" (1.° Cor 12, 7). Estos carismas, tanto los extraordinarios como los más comunes y difundidos, deben ser recibidos con gratitud y consuelo, porque son muy adecuados y útiles a las necesidades de la Iglesia.[22]

2.7 Sanación y liberación

A través del Bautismo en el Espíritu, los carismas de sanación se han difundido ampliamente, y las oraciones de sanación se han convertido para muchos en parte habitual de la vida cristiana. Desde el primer momento, la Renovación adoptó el ministerio de sanación como parte integral de su misión, reconociendo que la sanación era esencial en el ministerio de Jesús y que Él, a su vez, facultó a sus seguidores para que curaran. La Renovación ha dado lugar a diversas prácticas y ministerios en los que se ejercitan los carismas de sanación.[23] Durante los encuentros de oración es común que las personas pidan por la sanación de unos y otros; en retiros y conferencias a menudo se incluyen momentos reservados a la oración para la sanación. Muchos han experimentado algún tipo de sanación, ya sea física, emocional, psicológica o espiritual.

La sanación está estrechamente vinculada a la liberación de la influencia de los espíritus malignos.[24] Al igual que Jesús mismo fue conducido de la teofanía de su bautismo al desierto para ser tentado por Satanás, así aquellos que están llenos del Espíritu Santo también experimentan tanto la oposición de Satanás, como el poder del Espíritu que mora en ellos para rechazar la tentación y superar los poderes del mal. La experiencia cristiana milenaria de la batalla espiritual se revitaliza, dando lugar a una nueva conciencia de la necesidad de oraciones y ministerios de liberación para rescatar al hombre de las diversas formas de opresión espiritual.

Esta renovada atención a la liberación del mal llega en un momento en que las sociedades anteriormente cristianas, particularmente en Europa, están experimentando nuevas expresiones de paganismo que conducen a formas de esclavitud espiritual, de las cuales no pueden ser liberadas las víctimas solamente por medios psicológicos. Al mismo tiempo, en su obra misionera entre las naciones, la Iglesia se enfrenta al poder destructivo del espiritualismo y las prácticas ocultas, de los maleficios y de la nigromancia. Al tiempo que la Iglesia está dando una mayor atención a la necesidad del ministerio del exorcismo, no es casualidad que muchos de los sacerdotes que llevan a cabo este ministerio provienen de la Renovación Carismática. Aquí la gracia del Bautismo en el

Espíritu se ocupa de una necesidad espiritual importante en el ministerio de la Iglesia para el mundo contemporáneo.[25]

2.8 Movilización del laicado

La gracia del Bautismo en el Espíritu ha impactado a hombres y mujeres de todos los estados de vida en la Iglesia: el clero (obispos, sacerdotes y diáconos), los religiosos y los laicos. No hay diferencias fundamentales en la gracia que les ha sido dada, como puede verse claramente en la distribución de los carismas. Esta gracia renueva la vida y la vocación de todos sus destinatarios: el ministerio de los sacerdotes, la vida consagrada de los religiosos y el servicio de los laicos, especialmente en sus matrimonios y en sus familias.

Mientras que los sacerdotes y los religiosos han estado activos desde el principio, la Renovación ha hecho una gran contribución a la participación de los laicos en la misión de la Iglesia. Los laicos bautizados en el Espíritu han sido importantes en la obra de la evangelización. Muchos han despertado a su llamado a servir de diversas maneras, ya sea en la parroquia o en contextos más amplios. Muchas comunidades nuevas han sido fundadas y dirigidas por líderes laicos. Al mismo tiempo, la auténtica obra del Espíritu Santo siempre hace surgir el respeto a la autoridad dada por Dios y a las vocaciones y los carismas de los demás. El respeto generalizado a la autoridad de la Iglesia que ha caracterizado a la Renovación ha sido uno de los factores que demuestran la autenticidad de esta obra del Espíritu Santo.[26]

2.9 Evangelización

Entre los frutos evidentes del Bautismo en el Espíritu está un celo para evangelizar, para proclamar la Buena Nueva de salvación con valentía apostólica. Las personas transformadas por el Espíritu se convierten en testigos vivos capaces de hablar de Cristo desde su experiencia personal y desde una comprensión existencial de la palabra de Dios. Se da un nuevo deseo de difundir el Evangelio, así como una nueva claridad en cuanto a su contenido. La Renovación ha dado lugar a muchas escuelas de evangelización y a otros programas en los que las personas aprenden a compartir el Evangelio y a ejercitar los carismas como dones entregados para el crecimiento del Reino de Dios.[27]

En el primer documento del magisterio sobre evangelización, *Evangelii Nuntiandi,* el papa Pablo VI hizo hincapié en el papel del Espíritu Santo: "Puede decirse que el Espíritu Santo es el agente principal de la evangelización: Él es quien impulsa a cada uno a anunciar el Evangelio y quien en lo hondo de las conciencias hace aceptar y comprender la Palabra de salvación".[28] Al mismo tiempo que la encíclica hacía surgir una conciencia mucho mayor de la importancia de la evangelización, los nuevos movimientos eclesiales estaban desarrollando prácticas de evangelización creativas y dinámicas. La Renovación Carismática ha sido relevante en esta obra, al contar con comunidades carismáticas que lideran nuevas formas de proclamar la Buena Nueva, tales como la evangelización en la calle y la misión por toda la ciudad. El dinamismo espiritual desencadenado por el Bautismo en el

Espíritu Santo es de particular importancia en el contexto del llamamiento que hizo el papa san Juan Pablo II a una nueva evangelización, el cual fue reafirmado por el papa Benedicto XVI con el establecimiento de un Consejo Pontificio para la Nueva Evangelización.

2.10 Compromiso con la justicia social

Muchos de los que forman parte de la Renovación Carismática han experimentado personalmente la veracidad de la profecía que Jesús aplicó a sí mismo en la sinagoga de Nazaret: "El Espíritu del Señor está sobre mí, porque me ha ungido para dar buenas noticias a los pobres; me ha enviado a anunciar a los cautivos su liberación, y la recuperación de la vista a los ciegos; a aliviar a los oprimidos, a anunciar el año favorable del Señor" (Lc 4, 18). Recibir el Espíritu Santo conduce directamente a la solidaridad con los demás y a una preocupación especial por los pobres, igual que en la Iglesia primitiva (véase Hch 4, 34-35). Muchas de las comunidades y de los grupos de oración fundados en la Renovación Carismática han iniciado programas enérgicos de compromiso con los pobres, tales como comedores comunitarios, refugios para personas sin hogar, orfanatos, centros de salud, programas de rehabilitación para presos y adictos a las drogas, casas para personas con discapacidad, y proyectos de desarrollo urbano. Muchos están involucrados en ministerios provida u otras actividades, que tienen como objetivo lograr condiciones más justas y amorosas en la sociedad. En la Renovación tales obras de servicio generalmente combinan el cuidado por las necesidades físicas de las personas, con la participación dinámica de la Buena Nueva de Jesucristo.

2.11 Impulso ecuménico

Aunque los orígenes de la Renovación Carismática en la iglesia Católica muestran que ella no fue simplemente una consecuencia del ministerio de otros cristianos, no obstante, ha habido una influencia significativa de los pentecostales y otros hermanos separados que ya habían recibido esta gracia.[29] Por lo tanto, el Bautismo en el Espíritu ha tenido un impulso inherentemente ecuménico desde el principio. Los católicos en la Renovación han experimentado un nuevo nivel de hermandad espiritual con otros cristianos que recibieron esta misma gracia, a partir de una experiencia común, de una más profunda conversión a Cristo, expresada principalmente en la adoración y la plegaria, que conducen al amor por la obra del Espíritu Santo para la reconciliación y la unidad. Estos elementos corresponden a dos aspectos puestos de relieve en el Decreto sobre el ecumenismo del Vaticano II y en la encíclica *Ut Unum Sint* de San Juan Pablo II.[30] Como el cardenal León José Suenens escribió: "La Renovación es una gracia para la Iglesia de Dios en más de una forma, pero es una gracia muy especial para el ecumenismo".[31]

2.12 Nuevas comunidades

Al igual que en la Iglesia primitiva, en la actualidad el Bautismo en el Espíritu ha producido un impulso para la formación de nuevas comunidades, en las que esta gracia constituye la base de un estilo de vida común. Estos grupos se han convertido en auténticas escuelas de vida cristiana, de santidad y de misión para los católicos en todas partes del mundo. En ellas se da a menudo la superación de barreras -personales, raciales, sociales, denominacionales o territoriales- que antes mantenían separada a la gente. Los miembros de la comunidad llegan a experimentar profundos lazos de hermandad con las personas con quienes comparten una vida común en el Espíritu. Se da un nuevo reconocimiento de nuestra interdependencia en el cuerpo de Cristo, y de nuestra obligación de poner nuestros dones al servicio de los demás. La mayoría de estas comunidades están conformadas por hombres y mujeres, incluso matrimonios y familias, y muchas también tienen miembros en la vida consagrada. La Renovación Carismática también ha dado lugar a nuevas congregaciones religiosas, cuyos carismas están arraigados en la gracia del Bautismo en el Espíritu Santo. Muchas de las nuevas comunidades, ya sean de laicos o religiosos, se han convertido en fuentes de enseñanza práctica sistemática y en centros dinámicos de organización para la evangelización y para otras formas de participación en la misión de la Iglesia. En 1990 se inauguró la Fraternidad Católica de Alianza Carismática Comunidades y Fieles, como un medio para proporcionar a estas comunidades apoyo mutuo y una vinculación formal con la jerarquía de la Iglesia Católica.

Segunda parte: Fundamentos bíblicos y patrísticos

El Bautismo en el Espíritu trae un sentido de estrecha afinidad con los primeros cristianos. Desde el comienzo de la Renovación Carismática Católica, aquellos que recibieron esta gracia instintivamente buscaron en el Nuevo Testamento las palabras para expresar lo que habían experimentado. Aunque la frase sustantiva "Bautismo en el Espíritu" no aparece en la Sagrada Escritura, es adaptada a partir de la frase verbal "bautizar en el Espíritu Santo", que aparece seis veces en la Sagrada Escritura. La promesa de que Jesús "los bautizará en el Espíritu Santo" es una de las profecías más frecuentemente repetidas en el Nuevo Testamento, anunciada por Juan el Bautista en los cuatro Evangelios (Mt 3,11; Mc 1, 8; Lc 3,16; Jn 1, 33) y por Jesús mismo en Hch 1, 5, y recordada por Pedro en Hch 11, 16. La reflexión sobre la experiencia contemporánea del Bautismo en el Espíritu debe comenzar con la Sagrada Escritura, buscando comprender el contexto bíblico completo y el significado del don del Espíritu en Pentecostés. La última sección de este capítulo atenderá brevemente a las referencias patrísticas sobre este don y a su importancia para la vida cristiana.

1. Promesas del Antiguo Testamento

La Sagrada Escritura revela que el Espíritu de Dios ha estado presente y en acción desde la creación del mundo (Gén 1, 2), aunque es hasta el Nuevo Testamento cuando el Espíritu se revela como una Persona distinta del Padre y del Hijo.[32] A lo largo de la historia bíblica, Dios hizo promesas de bendición y salvación a su pueblo. En la época de los profetas, estas promesas se centraron cada vez más en la venida de un Mesías Rey que reinaría eternamente en paz y justicia. Un tema común en estas promesas era que el Reino mesiánico por venir estaría marcado por un otorgamiento del Espíritu de Dios a su pueblo de una manera nueva y personal.

Una de las imágenes más vividas que utilizaron los profetas para describir la venida del Espíritu fue la del agua. El agua, una necesidad para la vida y un recurso valioso para todo tipo de limpieza, era particularmente apreciada en tierras bíblicas, donde suele ser escasa. Empezando por Isaías, los profetas hablan de un tiempo por venir, en el que el Señor "derramará" su Espíritu como agua sobre tierra sedienta (Is 32, 15).

> No temas, Jacob, siervo mío...
> porque derramaré aguas en el suelo sediento,
> pondré arroyos en la tierra reseca.
> Derramaré sobre tu descendencia mi Espíritu,
> sobre tus retoños prodigaré mi bendición (Is 44, 2-3).
> No les volveré a ocultar mi rostro
> porque derramaré mi Espíritu en la casa de Israel,
> dice el Señor Dios (Ez 39, 29).

Aunque el pueblo de Dios estaba espiritualmente seco e inerte como un desierto árido, Dios prometió hacer nacer abundante vida divina en ellos, como flores que se alzan vigorosas después de la lluvia.

Ezequiel añade un nuevo elemento a estas imágenes. Él habla no solo de "derramar", sino de "rociar":

> Voy a rociarlos con agua pura, y así quedarán purificados de toda su impureza, y los purificaré de todos sus ídolos. Les voy a dar un corazón nuevo, un espíritu nuevo voy a poner en su interior; voy a sacar de su carne ese corazón de roca que tienen, dándoles, en vez de él, un corazón de carne. Pondré mi Espíritu dentro de ustedes, haré que sigan mis estatutos y que observen cuidadosamente mis ordenanzas (Ez 36, 25-27).

La idea de aspersión trae a la mente los rituales de limpieza de la antigua alianza (Lv 4, 6; Núm 8, 7) y sugiere que, a través de su Espíritu, Dios traería consigo una purificación más profunda de lo que es posible a través de rituales externos: una limpieza del corazón. Zacarías expresa una idea similar, indicando que el Espíritu traerá consigo arrepentimiento profundo a los corazones del pueblo de Dios:

> Voy a derramar sobre la casa de David y sobre los moradores de Jerusalén un Espíritu de misericordia y de súplica, de modo que cuando miren al que traspasaron llorarán por él como se llora al hijo único, y por él verterán amargo llanto, como se llora por el hijo mayor (Zac 12, 10).

Una de las profecías más impactantes acerca del Espíritu es la de Joel, citado por Pedro el día de Pentecostés:

> Y sucederá después de esto que sobre toda carne derramaré mi Espíritu; sus hijos e hijas profetizarán, sus ancianos tendrán sueños, sus jóvenes tendrán visiones. Aun sobre los siervos y las siervas derramaré en esos días mi Espíritu. (Jl 3, 1-2).

Este pasaje recuerda un acontecimiento durante la vida errante de Israel en el desierto, cuando Dios concedió el Espíritu a setenta ancianos, que después profetizaron (Núm 11, 24-29). Dos hombres recibieron el don de la profecía, aunque no estaban presentes en la impartición oficial del Espíritu. Cuando Josué se quejó, Moisés respondió: "¿Estás celoso de mí? ¡Ojalá que todos los del pueblo del Señor fueran profetas, que el Señor pusiera en ellos su espíritu!" (Núm 11, 29). La profecía de Joel es un anuncio de que en los últimos días se cumplirá el deseo de Moisés. El Espíritu de Dios otorgará abundancia de dones proféticos, dados indiscriminadamente a todo el pueblo de Dios: hombres y mujeres, viejos y jóvenes, esclavos y libres.

Un tema común a casi todos estos textos bíblicos es que el derramamiento del Espíritu traerá un nuevo conocimiento de Dios. En Ezequiel, Dios dice: "Pondré mi Espíritu dentro de ustedes...; entonces conocerán que yo, el Señor, he hablado y lo he hecho, dice el Señor" (Ez 37, 14; véase 39, 28-29). Y la profecía de Joel comienza así: "Conocerán que estoy en medio de Israel, y que yo, el Señor, soy su Dios" (Jl 2, 26-27). En el pensamiento bíblico, conocer implica no solamente tener conocimiento teórico, sino contacto personal y experiencial; implica estar en relación.[33] Dios promete que, aunque su pueblo se haya rebelado tan a menudo contra él, su Espíritu finalmente les proveerá de la gracia para conocerlo verdaderamente y responder a él sin reservas.

Estas promesas son el telón de fondo que ayuda a explicar el cumplimiento proclamado por el Nuevo Testamento, ya presente en Jesús y su Iglesia y en espera de su plena consumación con la venida gloriosa del Señor y con la renovación de toda la creación.

2. Testimonio del Nuevo Testamento

En los Evangelios, Juan el Bautista anuncia el cumplimiento de la promesa del Señor de derramar su Espíritu. El mensaje de Juan apunta a su propio tiempo y también a un último cumplimiento al final de los tiempos. Su ministerio está en consonancia con el de los profetas del Antiguo Testamento, quienes pronunciaron severos juicios sobre un pueblo rebelde, pero también destacaron la futura restauración del pueblo por la misericordia de Dios.

2.1 "Él los bautizará en el Espíritu Santo"

Juan declara que "uno más poderoso" por venir, cuyas sandalias no es digno de desatar, "los bautizará con el Espíritu Santo" (Mc 1, 7-8). ¿Qué es lo que quiere decir con esta declaración? La palabra "bautizar" era un término griego común, que significaba simplemente meter en agua, sumergir o empapar. Al bautizar al pueblo con su bautismo de arrepentimiento, Juan sumergía a la gente en las aguas del río Jordán, simbolizando la purificación interior del arrepentimiento. No era accidental que Juan utilizara las aguas del Jordán para bautizar. El Jordán era el río que los israelitas habían cruzado en seco cuando entraron en la tierra prometida, conducidos por Josué (Jos 3). Juan estaba llamando a los judíos a renovar su identidad como pueblo de Dios al pasar por las aguas del arrepentimiento. Al mismo tiempo, él estaba señalando el advenimiento de un nuevo Josué, Jesús, quien los conduciría, a través del agua, a la tierra prometida del Reino.

Combinando el ritual de bautizar con el tema bíblico del Espíritu como agua, Juan estaba comunicando una poderosa imagen de lo que Jesús haría. "Bautizar con el Espíritu Santo" es sumergirse en la vida misma de Dios. De hecho, Juan les estaba diciendo: "El bautismo que les doy, empapando sus cuerpos en agua, solamente es un presagio y preparación para el bautismo mucho mayor que el Mesías les dará. ¡Él los va a inundar con el Espíritu de Dios; Él los va a sumergir en su propia vida divina!".

En dos de los relatos evangélicos se agrega otra frase al anuncio de Juan: "él los bautizará con Espíritu Santo y con fuego" (Mt 3, 11; Lc 3, 16). El fuego es una imagen de purificación del juicio (Sal 11, 6; Is 30, 27. 33; Mal 3, 19). Isaías había profetizado que el Señor lavaría la inmundicia de Jerusalén "por el Espíritu de juicio y el Espíritu de devastación con fuego" (Is 4, 4)". La venida del Espíritu Santo con fuego traería una verdadera conversión, un hacer quemar todas las escorias del pecado, como en la refinación del oro o la plata (*cfr.* Mal 3, 3). Tal purificación había de ser una preparación para el juicio final en el fin de los tiempos (Mt 3, 12; Lc 3, 17). El fuego también recuerda la zarza ardiente en la que Dios se apareció a Moisés (Ex 3), el símbolo de la santidad impresionante de Dios y, al mismo tiempo, el símbolo de su deseo de acercarse a su pueblo.

Jesús fue para ser bautizado por Juan al principio de su ministerio público. El Señor se entrega al "bautismo de arrepentimiento" de Juan (Mc 1, 4), no porque él mismo fuera un pecador, sino a causa de su total solidaridad con la humanidad pecadora: solidaridad que finalmente lo llevaría a la cruz. En respuesta a este acto de humildad, cuando Jesús estaba orando, el Espíritu Santo descendió sobre él en forma de una paloma, ungiéndolo para su misión mesiánica (Lc 3, 21-22; Hch 10, 38). El descenso del Espíritu sobre Jesús presagia su descenso sobre la Iglesia en Pentecostés. El descenso del Espíritu también recuerda la historia de la creación (Gén 1,2) y la paloma que marcó un nuevo comienzo para el mundo después del diluvio (Gén 8, 8-12). En Jesús y a través del Espíritu, Dios está dando lugar a una nueva creación.

Los Evangelios retratan a Jesús mismo como "lleno del Espíritu Santo" (Lc 4, 1), como quien llevó a cabo todo su ministerio público -su doctrina, curaciones, exorcismos y milagros- en el poder del Espíritu Santo (Lc 4, 18; Hch 10, 38). Él era capaz de "bautizar en el Espíritu", porque antes había recibido el Espíritu Santo en su naturaleza humana.

El Evangelio de Juan ilustra con más amplitud el significado de la profecía de Juan el Bautista. Jesús explica a Nicodemo que el don del Espíritu está vinculado con el bautismo en agua, el cual trae consigo un renacimiento espiritual (Jn 3, 5). Más adelante, Jesús le dice a la mujer samaritana que el agua viva que Él da, el Espíritu Santo, saciará su sed más profunda y se convertirá en un manantial que brotará dentro de ella para la vida eterna (Jn 4, 13-14; cfr. 4, 23-24). En la fiesta de los Tabernáculos, de pie en el templo, Jesús gritó: "El que tenga sed, que venga a mí y el que crea en mí beba. Así como dice la Escritura: 'brotarán de su pecho manantiales de agua viva' ".[34] El Evangelio añade: "Con aquello se refería al Espíritu que habían de recibir los que hubieren creído en Él, pues el Espíritu no se infundía todavía porque Jesús no había sido aún glorificado" (Jn 7, 37-39). La fiesta de los Tabernáculos era cuando los judíos conmemoraban el agua que milagrosamente salió de la roca que Moisés golpeó (Ex 17, 1-6). Así pues, el mismo Jesús es la roca que da vida (cfr. 1.° Cor 10, 3-4), la fuente del Espíritu Santo, y nosotros bebemos de ese Espíritu al creer en Él. El relato de la pasión muestra cómo la roca fue golpeada: después de que Jesús murió, "uno de los soldados le atravesó el costado con una lanza, y al mismo tiempo salió sangre y agua" (Jn 19, 34). Del corazón traspasado de Jesús fluye vida divina, el Espíritu Santo, que nos es dado en los sacramentos del Bautismo (representado por el agua) y de la Eucaristía (representado por la sangre). Solo mediante la glorificación de Jesús -su muerte expiatoria y su resurrección-, el don del Espíritu se hace posible (cf. Jn 16, 7).

2.2 El acontecimiento de Pentecostés

En el libro de los Hechos de los Apóstoles, el mismo Jesús resucitado promete el Bautismo en el Espíritu Santo. Dice a sus apóstoles, "que ahí esperaran la promesa del padre 'que han escuchado de mis labios..., porque Juan bautizó con agua, pero ustedes serán bautizados con el Espíritu Santo, no muchas días después de estos' (Hch 1, 4-5). Llamando al Espíritu Santo como la "promesa del Padre", Jesús indica que la venida del Espíritu será el cumplimiento definitivo de las promesas de Dios (*cfr.* Ez 36, 27; Jl 2, 28-29), la culminación de su misión mesiánica (Hch 2, 33).

El mandato de Jesús de "esperar" muestra que la venida del Espíritu no está bajo el control humano. Dios derramará su Espíritu cuando y como él quiera. Sin embargo, en los Hechos de Apóstoles se representa a los ciento veinte discípulos reunidos en el cenáculo, dispuestos a recibir el Espíritu ellos mismos perseverando en la oración: "Todos estos estaban dedicados continuamente a la oración, animados del mismo espíritu, acompañados de algunas mujeres, de María, la madre de Jesús, y de los hermanos de este" (Hch 1,14).[35] La presencia de María es significativa, puesto que ella ya había recibido el Espíritu Santo en la Anunciación (Lc 1, 35). El mismo Espíritu Santo que hizo gestar a Cristo en el vientre de María, ahora hará gestar su presencia en el mundo a través de la Iglesia.

Jesús explica que el efecto primario de la venida del Espíritu será hacer de los discípulos sus testigos: "Recibirán una fuerza, cuando el Espíritu Santo baje sobre ustedes, y serán mis testigos en Jerusalén, en toda la Judea, en Samaría y hasta en los lugares más remotos de la tierra." (Hch 1, 8). Lucas muestra, a lo largo del libro de los Hechos, cómo esta profecía se va cumpliendo paso a paso, mientras el Espíritu Santo impulsa y dirige la misión de la Iglesia.[36] Los apóstoles preguntan a Jesús si va a "hacer ya la restauración del reino a Israel" (Hch 1, 6), pero Jesús les da una nueva y más profunda comprensión del reino: a través del trabajo de evangelización de ellos, la majestad de Jesús será instituida en los corazones humanos, como preparación para que Él rija en forma visible y completa sobre el mundo entero cuando regrese lleno de gloria.

El capítulo 2 de Hechos describe la manera en que la promesa de Jesús de que ellos serán "bautizados en el Espíritu Santo" se cumple en el maravilloso acontecimiento de Pentecostés. Pentecostés era la fiesta judía que celebraba la entrega de la ley en el Monte Sinaí; pero ahora marca la entrega de la *nueva* ley en el Espíritu (Rm 8,2), la ley escrita en el corazón (Jr 31, 31 -34; 2.° Cor 3, 4-6). Cuando los discípulos están reunidos en oración, el Espíritu Santo desciende con poder. Las señales impactantes de su venida -el viento, el fuego y un fuerte ruido- evocan la teofanía en el Sinaí (Éx 19, 16-18).[37] Las "lenguas de fuego" que se colocan sobre cada discípulo recuerdan la promesa de Juan el Bautista de un fuego purificador (Mt 3, 11). Ellos están "llenos del Espíritu Santo" (Hch 2, 4). Como explica Pablo en la carta a los Romanos, esto significa que están llenos del amor de Dios: "El amor de Dios ha sido derramado en nuestros corazones por el Espíritu Santo que se nos ha dado" (Rm 5, 5).

El resultado inmediato de la venida del Espíritu es que los discípulos comienzan a "hablar en otras lenguas, según como el Espíritu les concedía expresarse" (Hch 2, 4). Ellos hablan de "las obras prodigiosas de Dios" (2, 11); es decir, de la gran obra de salvación que él ha conseguido en Jesús el Mesías. Ahora ellos entienden de un modo nuevo lo que Jesús ha hecho por medio de su muerte y de su resurrección, y son capaces de proclamarlo con audacia y convicción.

Pentecostés es una reversión de la maldición de Babel, cuando Dios confundió los idiomas de los hombres debido a su orgullo (Gén 11, 1-9). La desintegración de la sociedad humana ocasionada por el pecado ahora queda superada con el poder unificador del Espíritu, cuando las personas procedentes de naciones dispersas se congregan en torno a la Iglesia llena del Espíritu. En lugar de intentar "hacerse de un nombre por sí mismos", como lo hizo el pueblo de Babel (Gén 11,4), ellos "invocan el nombre del Señor" (Hch 2, 21).

El don de lenguas está estrechamente vinculado con la alabanza a Dios (Hch 2, 11; véase 10, 46). Como fenómeno carismático, este es un signo de la presencia del Espíritu, una invitación a la fe; pero no puede forzar la fe: ¡algunas personas sacan la conclusión de que los discípulos están ebrios! (Hch 2, 13). Hay una ironía oculta en la acusación de que los discípulos están "llenos de vino nuevo". En el Antiguo Testamento, el vino nuevo (o el vino dulce) simbolizaba la alegría y las abundantes bendiciones que Dios daría a su pueblo en la era mesiánica (Jl 3, 18; Am 9, 13-14; Zac 9, 16-17). Jesús dio a entender que él mismo daría el "vino nuevo" de la vida divina (Mc 2, 22; *cfr.* Jn 2, 10), el cual debe ser vertido en odres nuevos. Ahora resulta claro lo que es el vino nuevo: ¡es el Espíritu Santo! Pablo reafirma este vínculo cuando dice a los Efesios: "No queden embriagados con vino, más bien queden llenos del Espíritu" (Ef 5, 18).

En respuesta a la acusación referente al vino nuevo, Pedro se levanta como líder de los apóstoles y pronuncia un discurso en el cual interpreta proféticamente el acontecimiento en el Espíritu que acaba de ocurrir (Hch 2, 14-39). El derramamiento del Espíritu -explica- es un cumplimiento de la Sagrada Escritura, y especialmente un cumplimiento de la promesa de Dios de distribuir el don de profecía entre todo su pueblo (Jl 2, 28-32). El don del Espíritu hace a la Iglesia una comunidad de profetas, es decir, hombres y mujeres que son capaces de expresar la palabra de Dios e interpretar los actos poderosos de Dios bajo la influencia del Espíritu Santo. La profecía puede incluir visiones y sueños (Hch 2,17), que son frecuentes en el libro de los Hechos.[38] Estos carismas son un signo de que los "últimos días" han comenzado, aunque la obra del Espíritu se completará solamente en el "día del Señor" (Hch 2, 20), el día de la venida gloriosa de Jesús y de la resurrección de los muertos.

En su resumen de la Buena Nueva (Hch 2, 22-36), Pedro explica que el don del Espíritu es una consecuencia directa de la resurrección y de la ascensión de Jesús: "Una vez que fue exaltado a la diestra de Dios, y que hubo recibido de manos del Padre la promesa del Espíritu Santo, lo ha derramado sobre nosotros como lo están viendo y oyendo". Dado que

Jesús mismo recibió el Espíritu en su humanidad glorificada, Él puede derramar el Espíritu sobre su Iglesia (*cfr.* Jn 7, 39) -un don que ahora ya es experimentado, pero que alcanzará su cumplimiento final en la resurrección del último día (Hch 24, 15).

Lucas retrata el resultado de la predicación ungida con el Espíritu: al final del discurso de Pedro, a los oyentes "se les traspasa el corazón"; es decir, ellos experimentan un profundo convencimiento de su pecado y la conciencia de tener necesidad del perdón. Cuando le preguntan a Pedro qué hacer, él responde: "Que cada uno de ustedes se arrepienta y se bautice... y recibirán el don del Espíritu Santo." (Hch 2, 38)

Los efectos del Bautismo en el Espíritu

A lo largo del libro de los Hechos es evidente que la venida del Espíritu no es algo imperceptible, sino una realidad visible, inconfundible, que "están viendo y oyendo" (Hch 2, 33).[39] Quienes reciben el Espíritu son inmediatamente conscientes de la presencia y actividad de Él en sus vidas. Los efectos del Bautismo en el Espíritu Santo, como son representados en Hechos de los Apóstoles, pueden resumirse como sigue:

El Espíritu trae una transformación de vida. Esto es especialmente evidente en Pedro: el pescador inseguro y temeroso que había negado a Jesús tres veces es apenas reconocible en el Pedro audaz y lleno del Espíritu que predica a miles y sana a un hombre lisiado con la palabra. El Espíritu crea una atmósfera de alegría y alabanza continua, incluso frente a la persecución.[40] Los carismas de profecía y de lenguas, estrechamente vinculados con la alabanza a Dios, son especialmente evidentes.[41] Los discípulos hacen muchos signos y prodigios en nombre de Jesús. Se da una nueva audacia para proclamar la Buena Nueva, aun a riesgo de palizas, cárcel y martirio.[42] Finalmente, el acontecimiento de Pentecostés da a los primeros cristianos una profunda comunión de unos con otros, una unidad de corazón que va mucho más allá de los limitados intereses comunes, personalidades compatibles o antecedentes socioeconómicos compartidos (Hch 2, 42; 4, 32).

El Bautismo, la imposición de manos y el don del Espíritu

Aunque Pentecostés es un acontecimiento único y paradigmático para la iglesia, también es una gracia que se renueva y se profundiza continuamente. La respuesta de Pedro en Hechos 2,38 confirma la relación entre la experiencia de Pentecostés y el bautismo sacramental. Pedro señala que el don del Espíritu es llevado a efecto a través de la Iglesia por medio del bautismo en agua. Por tanto, hay una profunda conexión interna entre el sacramento y la experiencia de Pentecostés. Aunque esta es la norma, Lucas también refiere ocasiones en las que el bautismo y el derramamiento del Espíritu no ocurren simultáneamente.

En el relato del "Pentecostés samaritano", Felipe bautiza a algunos samaritanos que creen en el Evangelio a través de su predicación, pero reciben el Espíritu solo después de que los apóstoles vienen de Jerusalén e imponen las manos sobre ellos (Hch 8, 12-17; *cfr.* 9, 17-18; 19, 5-6)[43] -un gesto que la Iglesia reconoce como parte del origen del sacramento de la Confirmación.[44] El "Pentecostés gentil" ocurre en orden inverso (Hch 10-11): en este, Cornelio y su familia son bautizados en el Espíritu antes de cualquier rito sacramental. Lucas indica que la razón de esto es que el primer bautismo de gentiles fue un hito importante en el desarrollo de la Iglesia. El que incluso los gentiles puedan ser incluidos dentro del pueblo de Dios era una idea tan radicalmente nueva, que Dios tuvo que dejarla en claro de modo inequívoco. Lucas describe cómo el Espíritu Santo organiza todo el acontecimiento: Cornelio es visitado por un ángel, Pedro recibe una visión celestial, el Espíritu habla directamente a Pedro, y una delegación de parte de Cornelio llega justo en ese momento. La culminación de la historia viene cuando Pedro está predicando el evangelio a Cornelio y a sus amigos reunidos:

> Todavía estaba Pedro profiriendo estas palabras cuando el Espíritu Santo descendió sobre todos los que estaban escuchando su discurso. Los fieles circuncidados, que habían ido acompañando a Pedro, se asombraron de que el don del Espíritu Santo hubiera sido derramado también sobre los gentiles. En efecto, los oían hablar lenguas y glorificar a Dios. Entonces dijo Pedro: "¿Quién podrá impedirme hacer uso del agua para bautizar a estos que han recibido el Espíritu Santo, lo mismo que nosotros?". Mandó, pues, que fueran bautizados en el nombre de Jesucristo (Hch 10, 44-48).

El descenso del Espíritu en una forma perceptible, como en el día de Pentecostés, sirve como un signo irrefutable de que Dios está ofreciendo el don de salvación a estos gentiles. Cuando Pedro después relata el incidente, sus oyentes exclaman con asombro: "¡Así es que también a los gentiles ha concedido Dios el arrepentimiento para la vida!" (Hch 11, 18).

Lucas también señala otra ocasión en la que se repite la experiencia de Pentecostés. En Hechos 4, como la Iglesia comienza a sufrir persecución, los discípulos oran no por protección, sino por una mayor audacia en la predicación de la palabra y por signos y prodigios para acompañar el mensaje. En respuesta a sus plegarias, "tembló el lugar donde estaban reunidos, y todos se llenaron del Espíritu Santo y se pusieron a predicar valientemente la palabra de Dios" (Hch 4, 31).

Estos variados episodios indican que Dios no está limitado por la forma en que Él puede impartir el Espíritu. Convertirse en cristiano significa ser bautizado en el nombre de Jesucristo y recibir el perceptible derramamiento del Espíritu Santo. Normalmente estas acciones son una sola realidad, pero debido a varias circunstancias una puede ocurrir sin la otra. En tal caso, la que falta, ya sea el bautismo sacramental o la experiencia de Pentecostés, debe ser suministrada.

El Bautismo en el Espíritu y la misión de la Iglesia

El libro de los Hechos de los apóstoles bien podría ser llamado los Hechos del Espíritu Santo, porque el Espíritu aparece por todas partes y dirige toda la actividad de la Iglesia (Hch 1, 6-11). Cada nuevo paso en la misión de la Iglesia es conducido por el Espíritu Santo, incluyendo el bautismo de los gentiles (Hch 8, 26-39; 10, 1-48), el viaje misionero de Pablo y Bernabé (13, 1-3), y la ampliación de la misión en Europa (16, 9-10). El Espíritu a veces explícitamente le dice a un evangelista qué hacer (8, 29) o impide que los discípulos vayan a donde habían planeado (16, 6-7). Ser guiado directamente por el Espíritu es, como la profecía, parte del funcionamiento ordinario de la Iglesia.

Al mismo tiempo el libro de los Hechos deja en claro que el oficio más alto en la Iglesia y el canal primario para la operación del Espíritu, es el de los apóstoles. Jesús dio instrucciones a través del Espíritu Santo a los apóstoles (Hch 1, 2), y son ellos quienes disciernen y supervisan cada nuevo paso dado por la Iglesia bajo la guía del Espíritu (8, 14; 11, 22; 15,2. 6). En el Concilio de Jerusalén, con respecto a la inclusión de los gentiles, los apóstoles señalan que su autorizada decisión fue orientada por el Espíritu Santo: "ha parecido bien al Espíritu Santo y a nosotros" (15, 28). No existe contradicción entre la guía espontánea del Espíritu y la responsabilidad de los apóstoles de supervisar y ordenar la vida de la Iglesia. Ambas son dones del Espíritu.

2.3 San Pablo y el don del Espíritu

Las cartas de Pablo están llenas de referencias a la actividad del Espíritu Santo en la Iglesia y en la vida de los creyentes. Aunque Pablo no utiliza la expresión "bautizar en el Espíritu Santo", está claramente familiarizado con el tipo de experiencia en el Espíritu descrita en el libro de los Hechos de los Apóstoles. Sus cartas, escritas antes que los Evangelios y los Hechos, muestran una intensa preocupación por fomentar y pastorear adecuadamente la obra del Espíritu en la iglesia local. Mientras que Lucas muestra la presencia y el poder del Espíritu Santo principalmente a través de la actividad visible de la Iglesia, en especial a través de su actividad misionera, Pablo revela más sobre la obra interior santificadora del Espíritu.

Recepción del Espíritu

Para Pablo, como para Lucas, recibir el Espíritu es un acontecimiento perceptible que se lleva a cabo a través de la predicación ungida del Evangelio y su aceptación en la fe. Pablo a menudo hace recordar a sus lectores este acontecimiento de conversión, dando por sentado que ellos son profundamente conscientes de haber experimentado el don del Espíritu. Él les recuerda a los tesalonicenses que "nuestro evangelio llegó a ustedes no solo en palabra; sino también en poder *(dynamis)* y en el Espíritu Santo y con plena convicción" (1.° Tes 1, 5). Del mismo modo, su predicación en Corinto "no estaba en discursos elocuentes y filosóficos, sino en la demostración del Espíritu y del poder *(dynamis)*" (1.° Cor 2, 4). El "poder" probablemente se refiere tanto a la actividad carismática (milagros, lenguas y profecía), como a la experiencia interior del estar convencidos, más allá de toda duda, de la verdad del evangelio.[45] El llamamiento de Pablo a los Gálatas presupone nuevamente ese tipo de experiencia perceptible: "¿En virtud de qué han recibido el Espíritu: de las obras de la ley o de haber atendido a la palabra con fe?...

¿Por tan grandes cosas pasaron ustedes en vano?... El que les comunica el Espíritu y hace milagros *(dynameis)* en medio de ustedes, ¿lo hace en virtud de obras de la ley o por la adhesión a la fe?" (Gál 3, 2-5). La presencia del Espíritu en el corazón de un creyente es tan perceptible que Pablo puede llamarla como un "compromiso" o "garantía" de nuestra herencia gloriosa en la vida venidera (2.° Cor 1, 22; 5, 5; Ef 1,13; véase Rm 8, 23). La recepción del Espíritu sirve como una poderosa confirmación de la verdad de la predicación apostólica y como una base para el crecimiento espiritual más a fondo.

En varios pasajes, Pablo vincula estrechamente la recepción del Espíritu con el bautismo. Ser bautizado es ser "lavado" en el Espíritu (1.° Cor 6,11) y es "beber de un mismo Espíritu" (1.° Cor 12, 13). El bautismo es una "renovación en el Espíritu Santo" (Tit 3, 5), pero también es el comienzo de un proceso permanente en el que el creyente se renueva día con día (2.° Cor 4, 16; *cfr.* Rm 12, 2; Ef 4, 23-24).

Vida en el Espíritu

La poderosa experiencia en el Espíritu, a la que Pablo apela, no es una vaga experiencia religiosa o una "emoción espiritual". Se trata de una experiencia *de la realidad del evangelio:* del amor de Dios que se manifiesta en la muerte y resurrección de su Hijo Jesús, que nos libera del pecado y que nos lleva a una nueva relación con Él (Rm 5, 5; Ef 1, 5-8). El Espíritu Santo hace que la obra de la redención de Cristo sea una realidad eficaz, una energía que impregna gradualmente la vida entera del creyente. Pablo designa de varias maneras esta obra permanente del Espíritu: revelación, santificación, libertad, renovación, filiación.

El Espíritu opera principalmente dentro del corazón, el centro escondido de la persona. El Espíritu ilumina los ojos del corazón (*cfr.* Ef 1, 18) revelando los dones de Dios, "lo que Dios ha preparado para aquellos que lo aman" (1,° Cor 2, 9-12). Es decir, el Espíritu hace notorio, en forma personal, el don que Dios nos ha dado al enviarnos a su Hijo. A través del Espíritu, Dios revela no solo doctrinas o preceptos, sino que se revela a *sí mismo* (1.° Cor 2, 11). Los cristianos llegan a conocer a Jesús como Salvador porque *son salvos* y llegan a conocer a Dios como "Abba, Padre" porque *se convierten* en hijos (Rm 8, 15; Gál 4, 6).

La revelación del Espíritu Santo conduce a una progresiva transformación de la vida: 'Todos nosotros, mirando como en un espejo la gloria del Señor, con nuestra cara descubierta, nos transformamos en su imagen, pasando de una gloria a otra gloria por la influencia del Espíritu del Señor" (2.° Cor 3, 18; *cfr.* Rm 8, 29; Col 3, 10). Pablo a menudo designa este proceso como santificación, es decir, el hacerse santos, "ponerse aparte" para Dios. Los cristianos ya están santificados a través del Espíritu en el bautismo (1.° Cor 1, 2; 6, 11); no obstante, están siendo santificados mientras colaboran con la obra permanente del Espíritu (Rm 15, 16; 1.° Tes 4, 3; 5, 23).

El Espíritu trae liberación de la ley (Rm 8, 2; Gál 5,18), de esa ley experimentada como una restricción externa que nos amenaza con la condenación (Rm 8, 1; Gál 3, 10). En lugar de ello, el Espíritu nos mueve a rendirnos a Dios de manera espontánea desde dentro de nuestro corazón; nos mueve a responder a Él con amor filial, confianza y obediencia. Así, la vida cristiana es descrita como un "caminar según el Espíritu" (Gál 5, 16. 25) o ser "guiados por el Espíritu" (Rm 8, 14; Gál 5, 18).

Aunque la santificación es una obra de Dios, no un trabajo humano, el creyente no es de ninguna manera pasivo en este proceso. Recibir el Espíritu es emprender una batalla permanente: la guerra entre la carne y el espíritu, la guerra entre la inclinación humana hacia el pecado y las insinuaciones del Espíritu para la santidad. Es una batalla que dura toda la vida y en la cual uno debe elegir constantemente rendirse al Espíritu y rechazar la carne. Pablo exhorta: "Caminen según el Espíritu y no hagan lo que desea la carne. La carne desea cosas contrarias al Espíritu y el Espíritu desea cosas contrarias a la carne" (Gál 5, 16-17; véase Rm 8, 1-13). La obra santificadora del Espíritu estará completa en una persona solamente hasta la resurrección de los muertos, cuando el cuerpo mismo será convertido en un "cuerpo espiritual" y participará de la gloria divina (1,° Cor 15, 44-49).

Los carismas del Espíritu

Las enseñanzas de Pablo sobre la vida en el Espíritu son el contexto necesario para entender los carismas del Espíritu. Un carisma, también llamado "don" (Ef 4, 7-8), "operación" o "manifestación" (1.° Cor 12, 6-7) del Espíritu, es un don concedido libremente por el Espíritu para edificar el cuerpo de Cristo. Los carismas no son meros talentos naturales o habilidades adquiridas; son dones sobrenaturales que permiten hacer lo humanamente imposible (como curaciones o milagros), o acentúan un don natural (como la enseñanza o el servicio) hasta un nivel de eficacia sobrenatural. La doctrina más extensa de Pablo sobre los carismas se encuentra en la primera carta a los Corintios, en los capítulos del 12 al 14, incluida dentro de una sección mayor sobre la conducta apropiada en la liturgia (1.° Cor 11-14).

Pablo enfatiza que los carismas se distribuyen libremente por el Espíritu Santo, según su voluntad. Los carismas son diferentes a la gracia santificante concedida en el Bautismo, en cuanto que estos no son concedidos principalmente para la santificación personal del destinatario, sino para ser ejercidos en beneficio de los demás. Los carismas son formas de "servicio" (1.° Cor 12, 5) porque su propósito es servir a los demás. La maravillosa diversidad de carismas está destinada a la unidad de la Iglesia, y está fundada en la unidad del Dios único: Padre, Hijo y Espíritu Santo (12, 4-6).

Los carismas son dados a todo miembro del cuerpo de Cristo para el bien común (1,° Cor 12, 7; Ef 4, 7). Todos juegan un papel en la construcción de la Iglesia y en el avance en su misión. Todos tienen la responsabilidad de ejercer los dones que han recibido: "Teniendo dones diferentes conforme a la gracia que se nos ha dado a cada cual, usémoslos" (Rm 12, 6; *cfr.* 1.° Pe 4, 10). Aunque los dones son dados libremente, los cristianos han de "esforzarse con entusiasmo" en ellos mismos, debido a su poderosa capacidad de edificar a otros (1.° Cor 12, 31; 14, 1).

Pablo advierte a los Corintios que los carismas no son en sí mismos una medida de santidad (*cfr.* Hch 3,12; 1,° Cor 13, 1-3). Incluso en su pasado pagano, ellos experimentaron algunos fenómenos aparentemente carismáticos (1.° Cor 12, 2). Jesús había advertido que muchos dirán: "Señor, Señor, ¿acaso no profetizamos en tu nombre?, ¿no echamos fuera demonios en tu nombre?, ¿no hicimos muchos milagros en tu nombre?", a quienes Él les expresará: "Jamás los conocí; apártense de mí, ustedes, los que hacen la maldad." (Mt 7, 22-23). Estos textos indican que es posible que las personas ejerzan carismas, al mismo tiempo que enseñan y viven en formas que son incompatibles con la fe cristiana. Por otro lado, el crecimiento en santidad normalmente conduce a una mayor fecundidad en el ejercicio de los carismas. Debe hacerse una distinción en los carismas, y los criterios básicos para su discernimiento son que los carismas reconozcan el señorío de Jesús y que sirvan auténticamente a la misión de su Iglesia (1.° Cor 12, 3; 14, 7-26).

En el centro de la doctrina de Pablo sobre los carismas se encuentra su gran himno al amor *(ágape)* en el capítulo 13 de la primera carta a los Corintios. Este capítulo no es una digresión, sino más bien proporciona el principio fundamental que debe ordenar todo el ejercicio de los carismas. Incluso los máximos carismas no son nada si están separados del amor (13, 1-3). Mientras que los carismas algún día acabarán, la fe, la esperanza y el amor perdurarán (13, 8-13).[46] Pablo no habla del amor como un carisma en sí mismo, sino como un "camino" *(hodos)*: la ruta a lo largo de la cual deben ejercerse los carismas; el motivo y la medida para usarlos (1.° Cor 12, 31). Después de explicar este principio en el capítulo Pablo lo aplica en el uso de carismas en el capítulo 14, donde advierte a los Corintios en contra de un uso inmaduro y egoísta de los carismas. Los dones no tienen el propósito de suscitar emoción o de llamar la atención sobre uno mismo, ni siquiera -a excepción de las lenguas como un lenguaje de oración personal- el propósito de edificarse uno mismo (1,° Cor 14, 4). Por el contrario, los dones son principalmente para edificar a otros en el amor. Pablo no está estableciendo una oposición entre los carismas y el amor, sino más bien entre carismas ejercidos con o sin amor. De hecho, su idea central es que *ejercer un carisma debe ser, en sí mismo, un acto de amor.*

Las cartas de Pablo contienen varias listas de carismas, pero ninguna de ellas pretende ser sistemática o completa. La lista más extensa se encuentra en 1,° Cor 12, 8-10 (*cfr.* 12, 28-30), la cual enumera la palabra de sabiduría, la palabra de ciencia, la fe, el don de curaciones, el don de hacer milagros, el don de profecía, el discernimiento de espíritus, el don de lenguas y el de interpretación de lenguas. Pablo se refiere a estos como "dones espirituales" (*pneumatika,* 12, 1; 14, 1), tal vez porque son especialmente dependientes de la docilidad al Espíritu. La "palabra de sabiduría" y la "palabra de ciencia" probablemente se refieren a las elocuciones que, inspiradas por el Espíritu, dan una nueva percepción sobre el plan de salvación de Dios y su aplicación práctica en la vida de los creyentes. La "palabra de ciencia" también puede hacer referencia al conocimiento sobrenatural de ciertos hechos, tales como el conocimiento de Jesús del pasado de la mujer samaritana (Jn 4, 17) o el conocimiento de Ananías de la conversión de Saulo (Hch 9, 10-12). La "fe" no es aquí la fe justificadora común a todos los creyentes, sino una seguridad confiada de que Dios va a actuar en una situación particular; es esa clase de fe que Jesús dijo que podría mover montañas (Mt 17, 20; 21, 21; 1.° Cor 13, 2). Las curaciones (literalmente, "carismas de curaciones") son curaciones reales de enfermedades o discapacidades en respuesta a la oración, como a menudo se demuestra en el libro de los Hechos de los Apóstoles. La acción de los milagros, del mismo modo, es una muestra del poder de Dios que confirma la verdad del evangelio (véase Rm 15,19; 2° Cor 12, 12; Gál 3, 5; Heb 2, 4). El discernimiento de espíritus es la capacidad de reconocer si un fenómeno espiritual determinado o elocución proviene del Espíritu Santo, de un espíritu maligno, o simplemente del espíritu humano.

Los restantes tres "dones espirituales" - profecía, lenguas e interpretación de lenguas - son tratados por Pablo con más detalle en el capítulo 14 de la primera carta a los Corintios. La doctrina de Pablo implica que existen dos formas del don de lenguas. En primer lugar, las lenguas pueden referirse a una gracia para la oración y la alabanza en un idioma desconocido (1.° Cor 14, 4; *cfr.* Rm 8, 26-27), una especie de "oración no racional del corazón".[47] En segundo lugar, las lenguas pueden referirse a un mensaje público para la asamblea. En este último caso, surge la necesidad de alguien con el carisma de interpretación de lenguas para comunicar su significado a la asamblea (1.° Cor 14, 5).

Por último, Pablo pone un muy fuerte énfasis en la profecía como el carisma que es especialmente eficaz en la construcción de la Iglesia (1.° Cor 14, 1-5). La profecía es el discurso inspirado por el Espíritu; la profecía comunica un mensaje que no es propiedad de uno, sino que proviene de Dios. La profecía puede incluir una divulgación con respecto al futuro (*cfr.* Hch 11, 27-29) o la lectura de corazones (1.° Cor 14, 25; *cfr.* Hch 5, 2-4), pero más a menudo toma la forma de estímulo y consuelo (1.° Cor 14, 3) o convicción de pecado (1.° Cor 14, 24). La profecía es el único don que aparece cada vez que Pablo enumera los carismas. Junto con el apostolado, es fundamental para la Iglesia (Ef 2, 20; *cfr.* 1.° Cor 12, 28). De este modo, Pablo a menudo exhorta a los creyentes a esforzarse por este don: "aspiren a los dones espirituales, especialmente al de profecía" (1,° Cor 14, 1); "aspiren a profetizar" (1.° Cor 14, 39); "ojalá que todos ustedes hablen en lenguas; pero sería más deseable que profetizaran" (1.° Cor 14, 4-5); "no menosprecien profetizar" (1.° Tes 5, 20).

El don que sustenta el primer lugar en la jerarquía de carismas es el apostolado, ese carisma que supervisa y coordina la interacción armoniosa de todos los carismas (1.° Cor 12, 28; Ef 4, 11). Para Pablo no hay oposición entre oficio y carisma, o entre la acción institucional del Espíritu y su acción espontánea. La Iglesia está edificada sobre el cimiento de los apóstoles (que representan su dimensión institucional) y de los profetas (que representan su dimensión carismática) (Ef 2, 20). La actividad del Espíritu Santo en la Iglesia está sujeta a la supervisión y al discernimiento de las autoridades humanas de la Iglesia. Sin embargo, quienes son designados para pastorear la Iglesia deben apoyarse en el Espíritu Santo y en su don espiritual de discernimiento, y no simplemente en un sensato razonamiento humano. Ellos no son los dueños de los carismas; su papel es disponerlos para el bien de la Iglesia y de su misión.

Pablo también menciona carismas que son menos claramente sobrenaturales, pero no por ello menos importantes. Estos incluyen el servicio, la enseñanza, la exhortación, la contribución, la administración y los actos de misericordia (Rm 12, 6-8; cf. 1,° Pe 2,10-11). En la Carta a los Efesios (4, 11-13) enumera las categorías de personas que tienen dones de liderazgo en la Iglesia: apóstoles, profetas, evangelistas, pastores y maestros. Pablo habla también de los carismas del matrimonio y del celibato (1.° Cor 7, 7), así como del ministerio sacerdotal (1.° Tim 4, 14; 2.° Tim 1, 6). A estos podrían añadirse otros carismas mencionados en otros lugares en Pablo o en el Nuevo Testamento: visiones y revelaciones (Hch 9, 10; 10, 3; 11, 5; 16, 9; 18, 9; 2.° Cor 12, 1-4), exorcismos (Hch 8, 7; 16,18), intercesión (Hch 12, 5; 2.° Cor 1,11), hospitalidad (Hch 16,15), canto (1.° Cor 14, 26; Ef 5, 19), pobreza voluntaria (1.° Cor 13, 3; Flp 4, 12) y martirio (Hch 7, 59-60; 12, 2; 1.° Cor 13, 3).

Para resumir estas reflexiones bíblicas, la historia de la salvación es enmarcada por la presencia del Espíritu Santo, que se cierne sobre las aguas primordiales en el momento de la creación y que participa en el clamor de la Novia al final: "¡Ven, Señor Jesús!" (Ap 22, 17. 20). Toda la Sagrada Escritura apunta hacia un derramamiento escatológico del Espíritu, hacia el cumplimiento del plan de Dios para divinizar a los seres humanos y renovar toda la creación. Este derramamiento ocurrió definitivamente en Pentecostés, pero se ha renovado continuamente durante todo el tiempo de la Iglesia y alcanzará su consumación en la resurrección de los muertos en el último día. El Bautismo en el Espíritu, tal como es experimentado en la Iglesia hoy en día, solo puede ser entendido dentro de este contexto bíblico completo.

3. El Bautismo en el Espíritu dentro del periodo patrístico

Una pregunta que surge naturalmente de la experiencia contemporánea del Bautismo en el Espíritu es la siguiente: ¿Qué precedente existe para esta experiencia en la historia de la Iglesia y especialmente en la época formativa de los Padres? Esta pregunta se basa en la convicción de que no puede existir una auténtica gracia de Dios sin continuidad en la tradición viva de la Iglesia. Aunque una investigación exhaustiva sobre el tema está fuera del alcance de este libro, aquí ofrecemos algunos breves señalamientos en cuanto a que las principales características del Bautismo en el Espíritu como es experimentado hoy en día también estuvieron presentes en la Iglesia de la época patrística.[48]

3.1 Comprensión experiencial de Dios y del don de la salvación

Los escritos de los Padres tanto de Oriente como de Occidente abundan en referencias al don del Espíritu como una realidad experimentada. Los Padres no vieron el acontecimiento de Pentecostés descrito en el libro de los Hechos como algo confinado al pasado, sino como algo presente y vivo en la Iglesia. San Cirilo de Jerusalén (c. 318-386), comentando sobre el relato de Pentecostés y específicamente sobre la acusación de que los discípulos estaban "llenos de vino nuevo" (Hch 2, 13), explicaba a un grupo de catecúmenos:

> Están ebrios, pero no como ustedes piensan... Están ebrios con la sobria embriaguez, la que destruye el pecado y da vida al corazón, completamente distinta a la embriaguez del cuerpo. Pues esta provoca que olvidemos las cosas que sabemos, pero aquella otra otorga incluso el entendimiento de las cosas antes desconocidas. Están ebrios en tanto que han bebido el vino de esa vid mística que dice: "Yo soy la vid; ustedes los sarmientos" (Jn 15, 5).[49]

San Cirilo evidentemente espera que los catecúmenos experimenten algo como esto en su propio bautismo. De modo semejante, san Ambrosio (c. 340-397) exclama: "¡Bebamos con alegría la sobria embriaguez del Espíritu!"[50] San Agustín (354-430), predicando en una liturgia de Pentecostés, pregunta a la comunidad: "¿Acaso, hermanos, no se otorga ahora el Espíritu Santo? Quien así piense no es digno de recibirlo. También ahora se da".[51] Estos pastores consideran el don del Espíritu Santo como la fuente de una alegría inmensa, una especie de ebriedad espiritual. Pero a diferencia de la borrachera terrenal, el don del Espíritu eleva el entendimiento, más que oscurecerlo; conduce a la santidad y al amor abnegado, más que llevar al pecado y a la conducta degradante.

La experiencia del Espíritu era considerada como parte integrante de los sacramentos de iniciación. La iniciación cristiana era un proceso que podía durar hasta dos o tres años, un tiempo de catequesis intensiva y de conversión cada vez más profunda, en el cual los catecúmenos eran llevados a una relación viva con el Padre a través del Hijo y del Espíritu. El proceso normalmente culminaba con la celebración del bautismo, de la confirmación y de la Eucaristía en la liturgia de la Vigilia Pascual. Valiéndose del Nuevo Testamento, varios de los Padres utilizan el término "Bautismo en el Espíritu" simplemente como un sinónimo para esta incorporación sacramental en Cristo.[52]

Muchos Padres hablan de la iniciación cristiana como aquella que produce una comprensión experiencial de la vida divina en la que uno es bautizado. En el Oriente, san Cirilo dice a los catecúmenos que, cuando ellos sean bautizados, "conocerán por su experiencia la sublimidad de las doctrinas".[53] En el Oeste, san Hilario de Poitiers (c. 300-368) explica que el Espíritu da vida a la doctrina de nuestra filiación adoptiva:

> [Después del bautismo de Jesús] una voz habla desde el cielo: "Tú eres mi Hijo amado."... Esto fue hecho para que en nuestro tiempo pudiéramos saber lo que ha sido alcanzado plenamente en Cristo. Después del baño con agua, el Espíritu Santo se precipita desde la puerta del cielo sobre nosotros, para que nos podamos bañar en la unción de la gloria celestial, y para que podamos llegar a ser hijos de Dios a través de la adopción expresada por la voz del Padre.[54]

San Cipriano de Cartago (+258) da testimonio elocuente de los efectos del don bautismal del Espíritu en su carta a Donato, donde narra lo que ocurrió en su propio bautismo:

> Bajé hasta esas aguas que dan vida y todas las manchas de mi pasado fueron lavadas. Comprometí mi vida con el Señor; él limpió mi corazón y me llenó del Espíritu Santo. Nací de nuevo, nací como un hombre nuevo. Después, de una manera aun más maravillosa, todas mis dudas se aclararon. Ahora podía ver lo que antes me había quedado oculto. Descubrí que podía hacer cosas que anteriormente habían sido imposibles para mí. Noté que, mientras había estado viviendo de acuerdo con mi carne, me encontraba a merced del pecado, en una trayectoria que me conducía a la muerte; pero que, viviendo de acuerdo con mi nuevo nacimiento en el Espíritu Santo, ya había empezado a compartir la vida eterna de Dios... Nosotros no tenemos que trabajar duro y sudar para conseguir nuestra propia perfección, no

> se necesita dinero e influencia para obtener el don del Espíritu Santo. Este es dado libremente por Dios y siempre está a nuestra disposición para usarlo. Al igual que el sol brilla y el día da luz, que el arroyo irriga el suelo y la lluvia moja la tierra, así el Espíritu celestial se vierte en nosotros.[55]

Es evidente que la iniciación cristiana en la Iglesia primitiva era una realidad inseparablemente ontológica y experiencial, que daba lugar a una transformación radical de la vida.

3.2 Los carismas en la Iglesia primitiva

Hay evidencia de que se manifestaron abundantes carismas en la Iglesia primitiva, incluyendo los "dones espirituales" mencionados en 1.° Cor 12. En el siglo II, san Justino Mártir (c. 100-165) escribe que "los dones proféticos siguen con nosotros, incluso hasta el tiempo presente".[56] Asimismo, san Ireneo (c. 115-202) advierte que "también nosotros hemos oído a muchos hermanos en la Iglesia que tienen carismas proféticos y que hablan en todas las lenguas por medio del Espíritu, haciendo públicos los secretos de los hombres por su bien, y manifestando los misterios de Dios".[57] Ireneo testifica numerosos milagros y otros signos del poder del Espíritu:

> Sus discípulos verdaderos, que reciben de él la gracia, actúan [milagros] en su nombre para el bienestar de otros, de acuerdo con el don que cada uno ha recibido de parte de él. Unos realmente expulsan a los demonios, de modo que quienes son así purificados de los malos espíritus frecuentemente aceptan la fe

> y se unen ellos mismos a la Iglesia. Otros tienen un conocimiento previo de lo que ha de pasar; reciben visiones y pronuncian profecías. Aún otros curan a los enfermos por la imposición de las manos sobre estos y les devuelven la salud. Y además, ciertamente incluso los muertos han sido resucitados y se han quedado entre nosotros por muchos años. ¿Qué más podemos decir? Son incontables los dones que la Iglesia extendida por todo el mundo ha recibido de parte de Dios, en nombre de Jesucristo, que fue crucificado bajo Poncio Pilato, y que ella ejerce día tras día en beneficio de los gentiles, sin tratar de engañar a ninguno, ni recibir ninguna recompensa de parte de ellos a cuenta de tales milagros. Pues, así como ella los ha recibido gratuitamente de parte de Dios, así también los distribuye gratuitamente.[58]

Varios Padres hablan de los carismas como de un acompañamiento normal al rito de iniciación cristiana. En su tratado *Sobre el Bautismo*, Tertuliano (c. 160-225) escribe:

> Por lo tanto, ustedes bienaventurados, a quienes los está esperando la gracia de Dios, cuando salgan del baño más sagrado del nuevo nacimiento, cuando extiendan sus manos por primera vez en la casa de su madre junto con sus hermanos, pídanle a su Padre, pídanle a su Señor, el don especial de su herencia: los carismas distribuidos.[59]

San Cirilo de Jerusalén, de modo semejante, insta a los candidatos al sacramento del Bautismo: "Cada uno prepárese para recibir el don celestial de profecía... Por lo demás, amados hermanos, hablar de estos mandatos los exhorta a todos ustedes a disponer el alma para la recepción de los carismas celestiales".[60] Asimismo, san Hilario exhorta a los cristianos a ejercer los carismas: "¡Hagamos uso de tan generosos dones!"[61] En otra parte dice:

> A nosotros, los renacidos por el sacramento del bautismo, se nos concede un gran gozo, ya que experimentamos en nuestro interior las primicias del Espíritu Santo, cuando penetra en nosotros la inteligencia de los misterios de la fe, el conocimiento de la profecía, la palabra de sabiduría, la firmeza de la esperanza, los abundantes dones de curación y el dominio sobre los demonios sometidos. Estos dones nos penetran como llovizna suave y, recibidos, poco a poco proliferan en multiplicidad de frutos.[62]

San Agustín (354-430), como es bien sabido, cambió de opinión acerca de los carismas. Durante los siglos III y IV, hubo una disminución en los dones espirituales, debido en parte al aumento de la herejía montañista, caracterizada por abusos y excesos en el uso de los carismas.[63] Como reacción a esta herejía, se dio una tendencia para evitar la actividad carismática. En sus primeros años, san Agustín escribió que, aunque los carismas habían sido necesarios en el periodo apostólico, ahora que la Iglesia había alcanzado la madurez ya no eran necesarios. Pero más tarde, después de presenciar muchas curaciones milagrosas en su propia catedral de Hipona, se dio cuenta de que la Iglesia sí necesita de estos dones. Más adelante escribió en sus *Retractaciones:*

> En efecto, es cierto que los enfermos no siempre son curados... Pero no ha de entenderse lo que he dicho de tal manera que ahora se crea que ya no se hacen más milagros en el nombre de Cristo. Pues yo mismo conocí que un ciego fue curado en la misma ciudad [de Milán]... Y otros muchos en calidad y número son realizados en nuestros días, tales, que ni podemos conocer todos ni contar los que conocemos.[64]

En *La Ciudad de Dios,* san Agustín relata muchas curaciones sorprendentes presenciadas por él.[65] Acerca de la ocasión en la que un hermano y una hermana fueron curados milagrosamente de una enfermedad terrible, él relata así la reacción de la comunidad: "Tal clamor se levantó entonces por parte de hombres y mujeres, que parecía no iba a terminar nunca el griterío mezclado con las lágrimas... Se desbordaban sin palabras en alabanza de Dios con clamor tan fuerte que apenas podían soportarlo nuestros oídos".[66] En un sermón, san Agustín exhorta a sus oyentes de la siguiente manera: "Nuestro Señor Jesucristo restauró la vista a los ciegos, devolvió la vida a Lázaro... Que nadie, por tanto, diga, hermanos, que nuestro Señor Jesucristo no hace ahora estos milagros y, por ello, anteponga los primeros tiempos de la Iglesia a los presentes".[67]

Estrechamente vinculada con el ejercicio de los carismas existía conciencia de la batalla espiritual y de la autoridad espiritual que los cristianos tienen en el nombre de Jesús. San

Justino Mártir escribe sobre numerosos exorcismos hechos por cristianos, dando testimonio de la verdad del evangelio:

> Jesús nació por la voluntad de Dios Padre para la salvación de los creyentes y la destrucción de los demonios. Y ahora ustedes pueden saber esto por lo que ven con sus propios ojos; puesto que, a lo largo de todo el mundo y en su ciudad [Roma], hay muchos endemoniados a quienes todos los demás exorcistas, los hechiceros y magos no podían sanar, pero a quienes nuestros cristianos han sanado y siguen sanando, deshabilitando y echando fuera a los demonios que los poseían, en nombre de Jesucristo que fue crucificado bajo Poncio Pilato.[68]

En *La vida de san Antonio,* san Atanasio describe el combate espiritual al que constantemente se enfrentaban los Padres del desierto. San Atanasio refiere que san Antonio liberó a muchas personas de la opresión demoníaca, y él mismo a menudo fue tentado y atacado por espíritus malignos, pero superó esos ataques a través de la fe y de la oración.

3.3 Júbilo y el don de lenguas

Después del siglo II poco se escribe sobre el don de lenguas. Sin embargo, eso no implica necesariamente que este don haya desaparecido de la Iglesia. Hay pruebas sólidas de que el fenómeno bíblico de las lenguas continuó, aunque con terminología diferente y tal vez de manera diferente. Muchos de los Padres hablan de "júbilo" como de una forma de orar y de cantar a toda voz sin palabras, lo cual parece tener estrecha afinidad con el don de lenguas que se experimenta en la actualidad.[69] San Agustín lo describe así:

> El que se llena de júbilo no pronuncia palabras, sino que lanza gritos de alegría sin palabras. El júbilo es la voz de un corazón inundado de alegría, que manifiesta sus sentimientos en cuanto puede, pero no con palabras para que las entienda el que las oye. Al regocijarse el hombre con este gozo, y no pudiendo explicarlo, ni dar a entenderlo con palabras, emite ciertos sonidos o gritos de alegría, no palabras. Así es como manifiesta con estos sonidos, que se alegra. Pero como se halla repleto de alegría, no puede explicar con palabras este regocijo.[70]

San Agustín insta a su grey a regocijarse: "Alégrense y hablen. Si no pueden expresar hablando su alegría, regocíjense. Que el júbilo dé a conocer la alegría que no puedan expresar con palabras. Pero que su alegría no se quede muda".[71]

San Gregorio Magno, explica:

> Pero lo llamamos *jubilus,* cuando concebimos tal alegría en el corazón que no podemos desahogar por la fuerza de las palabras y, sin embargo, el triunfo del corazón suelta con la voz lo que no puede emitir por el habla. Ahora bien, es acertado decir que la boca se llena de risa, los labios de júbilo, ya que en esa tierra eterna, cuando la mente del justo es llevada en éxtasis, la lengua se eleva en la canción de alabanza.[72]

Esta alegría que desborda en una alabanza sin palabras puede ser a lo que Pablo se refiere como "orar con el Espíritu" y "cantar con el Espíritu" (1,° Cor 14,15) con "salmos, himnos y cánticos espirituales" (Col 3, 16; Ef 5, 19). La adoración en la Iglesia primitiva a menudo era muy expresiva. En ella los cristianos manifestaban en voz alta expresiones verbales de alabanza y de acción de gracias. Eran comunes los suspiros, las lágrimas, las canciones espontáneas y el batir palmas.[73] Durante siglos, el júbilo con melodías improvisadas fue parte ordinaria de la liturgia y ello contribuyó a la formación de la base de la música medieval eclesiástica.[74]

A partir de los ejemplos mostrados aquí, es evidente que la experiencia del Bautismo en el Espíritu en la Renovación Carismática Católica, aunque su forma y su expresión sean en cierta forma únicas para nuestro tiempo, tiene profundas raíces en la tradición de la Iglesia. Está fuera del alcance de este documento discutir la actividad carismática del Espíritu en la Iglesia desde el final del periodo patrístico hasta nuestros tiempos. Sin embargo, cabe señalar que toda la gama de carismas experimentados en la Renovación se ha manifestado en diferentes tiempos y lugares, especialmente en las vidas de santos como Bernardo, Francisco de Asís, Gertrudis Magna, Catalina de Siena, Vicente Ferrer, Ignacio de Loyola, Francisco Xavier, Teresa de Ávila, Juan María Vianney, Juan Bosco, Pío de Pietrelcina, Andrés Bessette y muchos otros.

Muchos aspectos de la experiencia contemporánea del Bautismo en el Espíritu también están presentes en la tradición mística y espiritual de la Iglesia, especialmente en Oriente. San Simeón el Nuevo Teólogo (949-1022), monje bizantino, escribió mucho acerca del "bautismo del Espíritu Santo" como una profunda unión mística con Dios, la cual es acompañada por el don de las lágrimas, del dolor por los pecados y de las visiones de Dios como luz. El ruso san Serafín de Sarov (1759-1833) acertadamente declaró que "el objetivo de la vida cristiana es la adquisición del Espíritu Santo". También existe abundante evidencia de carismas en las iglesias ortodoxas y orientales, por ejemplo, en la vida de san Tekle Haymanot de Etiopía y de san Nicetas de Novgorod de Rusia.

Tercera parte
Reflexión teológica

El derramamiento del Espíritu en la experiencia de la Renovación Carismática Católica, que ha renovado las vidas de muchos cristianos, amerita una reflexión teológica continua. ¿Cuál es el propósito de Dios al dar esta gracia? ¿Es para todos los católicos? ¿Cómo se relaciona con la vida de la Iglesia, y especialmente con los sacramentos de iniciación? ¿Qué lugar ocupa la experiencia en la vida cristiana? Esta sección primero describirá brevemente la comprensión teológica que se ha desarrollado en la Renovación; después, abordará algunas de las cuestiones teológicas más comunes suscitadas por el Bautismo en el Espíritu.

1. El desarrollo de la comprensión de la Renovación Carismática Católica

Desde sus inicios en 1967, la que llegó a ser conocida como la Renovación Carismática Católica fue fundada en el marco de la experimentación de un acontecimiento denominado Bautismo en el Espíritu Santo. ¿Por qué fue utilizada esta terminología? Los primeros católicos que recibieron esta gracia, en su experiencia inicial, habían sido profundamente marcados por el entonces recientemente concluido Concilio Vaticano II y por la "dimensión ecuménica". Ellos adoptaron el mismo término que había sido empleado en el movimiento Pentecostal, que a su vez había sido adaptado de la Sagrada Escritura (véase la sección 2 de la segunda parte, más arriba). Entendieron estos comienzos como el cumplimiento de la oración del papa san Juan XXIII para el Concilio, en la que pedía "un nuevo Pentecostés". El vínculo existente entre el "Bautismo en el Espíritu" y el acontecimiento de Pentecostés, tanto en el Nuevo Testamento como en la experiencia contemporánea, pareció confirmar lo apropiado de este término.

Los primeros católicos cautivados por esta gracia inesperada del Bautismo en el Espíritu rápidamente comprendieron que esta gracia debía ser entendida en el contexto de la profunda renovación de la vida católica que era el corazón y la meta del Concilio Vaticano II. Ellos sintieron un fuerte impulso de comunicar esta gracia más ampliamente en la Iglesia católica y una clara convicción de que esta gracia era para la renovación de toda la Iglesia. El poderoso sentido eclesial que ellos tenían marcó una gran diferencia con respecto a los orígenes del movimiento carismático en las comunidades protestantes. Los católicos bautizados en el Espíritu reconocieron la necesidad de este movimiento para ser recibidos en la Iglesia católica bajo la guía del Papa y de los obispos.

Desde el principio se reconoció que este derramamiento del Espíritu requería de una minuciosa reflexión teológica, que incluyera un examen de la terminología del “Bautismo en el Espíritu”, a la luz de la tradición católica. La promoción de esta reflexión teológica fue la gran preocupación del cardenal León José Suenens, de Bélgica, quien participó en una reunión de teólogos y líderes celebrada en Grottaferrata, Italia, en 1973 y luego supervisó la elaboración de los documentos de Malinas. El primer documento de Malinas, *Orientaciones teológicas y pastoral sobre la Renovación Carismática Católica,*[75] examinó la realidad emergente del movimiento a la luz de la tradición católica y de la teología, e hizo una serie de recomendaciones. Entre los autores hubo teólogos que ya habían comenzado el esfuerzo de articular una teología auténticamente católica del Bautismo en el Espíritu.

El primer documento de Malinas reconoció que ya se estaban empleando varios términos para describir lo que popularmente era llamado como Bautismo en el Espíritu Santo. En efecto, en 1972, mientras la Renovación Carismática se diseminaba más allá de Norteamérica en otras culturas y grupos lingüísticos, se estaban adoptando frases alternativas. Una razón para buscar frases alternativas era la preocupación por evitar la confusión entre el Bautismo en el Espíritu y el Sacramento del Bautismo. Así, por ejemplo, el uso más común en los países francófonos es *effusion de l'Esprit, y en italiano effusione dello Spirito.* Lo mismo ocurre en España *(efusión del Espíritu)* y en Portugal *(efusâo no Espirito)*, aunque en América Latina los términos más comunes son Bautismo en el Espíritu y batismo no Espirito.

En polaco ambos se utilizan ambos términos: derramamiento o efusión del Espíritu Santo *(wylanie Ducha Świętego)* y Bautismo en el Espíritu Santo *(chrzest w Duchu Świętym)*, así como en alemán se utiliza *Geisttaufe* (Espíritu-bautismo) y *Erneuerung im Heiligen Geist* (renovación en el Espíritu Santo). En algunas áreas son populares otros términos tales como "nuevo Pentecostés" o "Pentecostés personal". Por el contrario, el mundo de habla Inglesa ha conservado casi universalmente el término *baptism in the Spirit* (Bautismo en el Espíritu). Cuando se emplea lenguaje e imaginería bautismal, se vuelve necesaria una clara explicación de su relación con el bautismo sacramental (véase la sección 5.1 más abajo).

La ventaja del término "efusión en el Espíritu Santo" es que evita cualquier sugerencia de dos bautismos, uno en agua y otro en Espíritu, lo que podría devaluar el sacramento del bautismo. Sin embargo, cabría señalar que no existe una equivalencia real para la palabra "efusión" en inglés.[76] Por otro lado, la ventaja del término "Bautismo en el Espíritu Santo" es que conserva el lenguaje utilizado por Juan el Bautista y por Jesús para designar la culminación de la obra de redención del Espíritu Santo, con su vinculación directa con el acontecimiento de Pentecostés. Además, expresa la particularidad de lo que se experimenta en la Renovación, mientras que el término "efusión" se aplica más ampliamente a cualquier acción del Espíritu en la vida cristiana.

Mientras que el "Bautismo en el Espíritu Santo" ratifica una afinidad con el conjunto de movimientos carismáticos y pentecostales que comúnmente utilizan este término, los católicos debemos evitar una explicación equivocada sobre un "doble bautismo". El uso de la terminología bautismal también puede suscitar preocupaciones pastorales adicionales en situaciones donde existen grupos pentecostales o carismáticos con algunos matices cuestionables.

Cada una de las tradiciones terminológicas tiene su propia legitimidad y sus propias limitaciones, ligadas a diferentes contextos culturales y eclesiales. El hecho de que continúen siendo utilizados diversos términos es una indicación de la riqueza de la realidad, la cual no puede ser completamente capturada en una sola frase.

2. El corazón del Bautismo en el Espíritu

Las características del Bautismo en el Espíritu, descritas en la primera parte de este libro, demuestran que el Bautismo en el Espíritu no es un fenómeno en los márgenes de la vida cristiana. Concierne al corazón del evangelio, a la misión del Hijo y a la misión del Espíritu Santo de parte del Padre. Jesús el Señor está en el centro del testimonio carismático: el Señor Jesús encarnado, 'crucificado y resucitado, que fue concebido, habitado y fortalecido por el Espíritu Santo, y que vendrá con gloria. Esta perspectiva trinitaria englobante es la que las palabras de Benedicto XVI recuerdan a la Iglesia: "Toda la misión de Cristo se resume en esto: bautizarnos en el Espíritu Santo".[77]

A través del Bautismo en el Espíritu, Pentecostés se hace presente y vivo en la Iglesia hoy. Ser bautizados en el Espíritu Santo es ser llenados del Amor que fluye eternamente entre el Padre y el Hijo en la Santísima Trinidad, un amor que cambia a las personas en el más profundo nivel de su ser y las hace capaces de amar a Dios como respuesta. Así pues, los cristianos experimentan el misterio pascual de Cristo como una fuente actual de gracia y de poder, y llegan a comprender "lo ancho y lo largo, lo alto y lo profundo..., el amor de Cristo que sobrepasa todo conocimiento" (Ef 3,18-19). Ellos claman desde el fondo del corazón: "Abba, Padre" (Rm 8, 15; Gál 4, 6), "Jesús es el Señor" (1.° Cor 12, 3) y "Ven, Señor Jesús" (Ap 22, 16. 20). Se da una más profunda comunión con las Personas de la Santísima Trinidad y una experiencia de ser elevados a la herencia dada a nosotros por Dios en Cristo, una muestra inicial de la resurrección futura. Esto está en el corazón del significado teológico del bautismo, como lo presentara Pablo: "Con Él hemos sido sepultados por medio del bautismo, para morir; para que así como Cristo resucitó de entre los muertos en virtud de la majestad del Padre, así también nosotros llevemos una vida nueva" (Rm 6, 4).

Dios "con Él nos resucitó y con Él nos sentó en los cielos, en virtud de Cristo Jesús" (Ef 2, 6; cf. Col 3, 3). El Espíritu Santo nos confiere el poder de ponernos en "la mente de Cristo": pensar como Él y amar como Él (Rm 13, 14; 1.° Cor 2, 16; Flp 2, 5) y, por lo tanto, hacer las obras que Él hizo (Jn 14, 12). Estas cosas son verdaderas en principio para todo cristiano bautizado, pero a través del Bautismo en el Espíritu se convierten en una realidad experimentada. Esto, a su vez, conduce a la victoria sobre el pecado, al control sobre las tentaciones y los engaños del maligno y al crecimiento en virtud a través de la unión con Jesús resucitado.[78]

Los carismas que caracterizan a la Renovación Carismática se derivan de la entrega a Jesús, la cual se encuentra en el corazón del Bautismo en el Espíritu. Los carismas son manifestaciones de la soberanía del Señor resucitado, que están destinados a ser recibidos con gratitud, a ser fomentados y utilizados generosamente. Esto no quiere decir que los carismas no puedan ser objeto de abuso, pero el abuso de ellos conlleva el grave peligro de seguir espíritus que no sean el Espíritu Santo. En el contexto de la historia de la Iglesia, la experiencia de los carismas en la Renovación hoy en día es nueva, en primer lugar, en cuanto a que toda la gama de carismas descritos por san Pablo en la Primera carta a los Corintios está presente como parte de la donación del Espíritu Santo a la Iglesia; en segundo lugar, en cuanto a que los carismas están en principio disponibles para todo cristiano, lejos de ser limitados, en su mayoría, a clérigos o religiosos, o a quienes han practicado años de disciplina ascética. Los carismas son entendidos no como gracias especiales para gente muy santa, sino como dones públicos que abastecen el cuerpo de Cristo para cumplir con su misión. El ejercicio de los carismas por millones de católicos plantea nuevas exigencias a la Iglesia. Hay una necesidad de seguir desarrollando una teología de los carismas y un cuerpo de sabiduría espiritual y pastoral con respecto a su uso.[79]

En virtud de su naturaleza como sumisión al Espíritu de Dios, el Bautismo en el Espíritu no puede hacerse dependiente de un signo particular de su recepción. Por esta razón, la doctrina de que el hablar en lenguas es un signo necesario del Bautismo en el Espíritu, no es aceptable en la tradición católica. Con todo, el don de lenguas es ampliamente difundido y es a menudo el primer carisma experimentado al recibir el Bautismo en el Espíritu. La oración en lenguas puede desempeñar un papel significativo en la apertura de una persona a la influencia del Espíritu y, por lo tanto, a todo el ámbito de los dones espirituales.

3. Teología y experiencia

En el Nuevo Testamento y en la Iglesia primitiva, fue dado por hecho que el don del Espíritu no era simplemente una doctrina, sino un suceso de la experiencia. Así pues, el Bautismo en el Espíritu plantea la cuestión del valor y la función de la experiencia en la vida cristiana. La tradición católica siempre ha reconocido la importancia de la dimensión experiencial de la vida espiritual,[80] aunque la función que tiene la experiencia a veces ha sido sometida a distorsiones teológicas. Entendida correctamente, la experiencia es algo completamente humana, porque involucra todas las facultades humanas en una unidad esencial (los cinco sentidos, la imaginación, los sentimientos, las emociones, el intelecto y la voluntad). La experiencia no debe reducirse a sentimientos y emociones, lo que la haría meramente subjetiva.

La experiencia cristiana no es un fenómeno vago y subjetivo que pueda atribuirse a una cierta causa; es la experiencia de una realidad objetiva: Dios nos brinda el don de sí mismo a través de la cruz y resurrección de Jesucristo y del derramamiento del Espíritu Santo. La experiencia cristiana siempre está vinculada con la predicación y la doctrina de la fe; se produce a través de la escucha de la palabra de Dios, aceptándola con fe, y a través de la participación en la vida sacramental y litúrgica de la Iglesia. Aunque no experimentamos a Dios directamente en esta vida, experimentamos realidades creadas en las que Dios está presente y actuante (participando en la liturgia, escuchando una buena predicación, rezando, ejerciendo los carismas, encontrando personas santas, siendo conmovidos por el arte y la música cristianas).

¿Qué diferencia marca el Bautismo en el Espíritu dentro de este contexto? El Bautismo en el Espíritu es una revelación del amor del Padre y de la verdad de que "Jesús es el Señor"; verdad que intensifica profundamente la experiencia cristiana. Al mismo tiempo, es una rendición al señorío de Jesús a través del Espíritu Santo, para que así cada vez más seamos "guiados por el Espíritu de Dios" (Rm 8,14). "El piloto de la nave" ya no es el individuo, sino el Espíritu Santo. Esta es la vida verdadera en el Espíritu, una vida que conduce a la exultación con alabanzas y adoración, con testimonio alegre y profunda comunión con Dios y con los demás. Aunque tiene una dimensión experiencial, la acción de Dios en nosotros siempre es mayor de lo que percibimos.

Es un error imaginar que existe una oposición entre la experiencia cristiana y los sacramentos. Los sacramentos, a través de los cuales somos llevados a establecer contacto con el misterio pascual de Cristo, constituyen la base de la experiencia cristiana. Aun cuando nos hayamos acercado a una nueva experiencia de la acción de Dios en un contexto no sacramental, su significado completo está incorporado a los sacramentos y a la liturgia de la Iglesia. La madurez cristiana consiste en una integración personal cada vez más profunda entre la acción de Dios en los sacramentos y la acción de Dios en el creyente.

4. La dimensión institucional y la dimensión carismática de la Iglesia

Resumiendo una visión del Concilio Vaticano II, el papa san Juan Pablo II declaró que "la *dimensión institucional* y la *dimensión carismática...* son igualmente esenciales para la constitución divina de la Iglesia fundada por Jesús, porque contribuyen ambas a hacer presente el misterio de Cristo y su obra salvífica en el mundo".[81] Los aspectos institucional y carismático son dos formas complementarias en las que actúa el Espíritu, las cuales "concurren, aunque de modo diverso, a su vida, a su renovación y a la santificación del pueblo de Dios".[82] La dimensión institucional (o jerárquica) se refiere a todo lo que fue instituido por Jesús durante su vida terrenal, incluyendo la elección de los doce apóstoles y la atribución de autoridad a ellos; el mandato de predicar el evangelio, de bautizar y de celebrar la Eucaristía "en memoria mía" y el poder de perdonar los pecados; además de otros elementos estructurales que pertenecen al depósito de la fe. La dimensión carismática se refiere a los dones que han sido derramados con espontaneidad, tanto en Pentecostés como posteriormente, por el Espíritu Santo, quien distribuye libremente sus gracias, cuando y donde él quiera.[83] Lo institucional es transmitido de generación en generación y pertenece a la estructura permanente y visible de la Iglesia; lo carismático es concedido por el Señor de una manera impredecible y no puede ser codificado. El Bautismo en el Espíritu, como manifestación de la acción espontánea del Espíritu, pertenece a la dimensión carismática, pero al mismo tiempo trae nueva vida y dinamismo a la dimensión institucional basada en los sacramentos.

La necesidad perenne de la Iglesia de integrar las acciones carismáticas del Espíritu con la estructura institucional ya se deja ver en el Nuevo Testamento. El Espíritu Santo impulsó una iniciativa nueva y significativa en la Iglesia: la misión de Pablo a los gentiles (Hch 13, 2-3), pero Pablo se encargó de exponer ante los apóstoles el evangelio que predicaba entre los gentiles (Gál 2, 2). Cuando se suscitó una controversia pastoral importante relacionada con la circuncisión de los gentiles, Pablo y Bernabé consultaron con "los apóstoles y los ancianos" de Jerusalén para resolverla (Hch 15, 2), y luego aceptaron sus conclusiones. La acción carismática del Espíritu nunca puede ser independiente del ministerio ordenado. Sin la dimensión institucional no habría una tradición coherente, ni tampoco un cuerpo visible en el cual pudiera ser vertida la dimensión carismática. Así, la dimensión carismática necesita de la Institucional como una salvaguardia del engaño y del error, a fin de que pueda producir fruto duradero para el cuerpo de Cristo. Por otro parte, la dimensión institucional necesita de la carismática para que toda la creatividad del Espíritu Santo se manifieste en la Iglesia de todos los tiempos y para que la Iglesia reciba un constante recordatorio de su dependencia del Señor resucitado y de su Espíritu.[84]

5. El Bautismo en el Espíritu y los sacramentos de iniciación

Desde el comienzo de la Renovación Carismática Católica, los teólogos han tratado de comprender y articular la relación entre el Bautismo en el Espíritu y los sacramentos, especialmente los sacramentos de iniciación.[85] Ha habido dos formas principales de describir el Bautismo en el Espíritu: como una actualización de la gracia del bautismo y de la confirmación, y como un nuevo envío del Espíritu.

5.1 Una actualización del Bautismo y la Confirmación

El Bautismo en el Espíritu a menudo es descrito como un "revivir", como una "renovación" o "liberación" de la gracia del bautismo sacramental y de la confirmación. Estas expresiones reconocen que en la actualidad el término "Bautismo en el Espíritu" generalmente se refiere a una experiencia *subsecuente* a los sacramentos de iniciación, mientras que en la Iglesia primitiva el "Bautismo en el Espíritu" se refería a la iniciación sacramental y a sus efectos como una realidad ontológica-experiencial única. Los efectos normales del bautismo y de la confirmación, como se ve en la Sagrada Escritura y en los Padres de la Iglesia, son la íntima comunión con el Dios Trino que emana en una vida transformada, en la oración y la alabanza, y en un celo por compartir el evangelio con los demás, a menudo con la manifestación de los carismas.[86] Cuando el cristianismo se desarrolló y el bautismo de infantes se convirtió en la norma, aumentó la posibilidad de recibir los sacramentos sin estos efectos subjetivos.[87] Ante tal situación (que es típica hoy en día), son necesarias una sólida catequesis y formación para ayudar a que cada persona desarrolle una fe viva y asuma como propia la nueva vida que él o ella ha recibido.

Incluso en el caso de los jóvenes o adultos que reciben el bautismo o la confirmación, aunque la gracia es objetivamente conferida, los efectos transformadores de vida que tienen los sacramentos pueden ser deficientes por diversos motivos.[88] Según el *Catecismo de la Iglesia Católica,* la confirmación "perpetúa, en cierto modo, en la Iglesia, la gracia de Pentecostés" (1288). Sin embargo, hay que reconocer que a menudo no ocurre esto en la actualidad de una manera vital o perceptible. Diversos factores, tales como una predicación inadecuada de la palabra de Dios, una fe tibia, una falta de arrepentimiento de los pecados, una preparación insuficiente, una falta de comprensión de la realidad de los sacramentos, una mentalidad secular, o bien obstáculos psicológicos o espirituales, pueden dificultar la obtención completa de la abundancia de frutos que los sacramentos ofrecen.[89]

En este sentido, lo que ocurre en el Bautismo en el Espíritu es una actualización de los sacramentos de iniciación, un "avivar la llama" del don ya recibido (cf. 2.° Tim 1, 6). Aquí la palabra de Dios desempeña un papel crucial, ya que quienes se preparan para el Bautismo en el Espíritu a menudo reciben una predicación más completa en torno a lo que no les había sido transmitido anteriormente. La regeneración y la vida divina recibida en el bautismo y en la confirmación adquieren relevancia como experiencia de vida.

Si el Bautismo en el Espíritu es el desarrollo normal de la vida cristiana que comienza con los sacramentos de iniciación, se deduce que esta gracia no es algo exclusivo de la Renovación Carismática. Está presente de diversas formas en las vidas de muchos otros católicos sin referencia a la terminología específica o al estilo de la Renovación. La vocación especial asignada a la Renovación es la de nombrar esta gracia, de proponer un contexto eclesial y una pedagogía específica para recibirla, y de fomentar el pleno desarrollo de sus frutos.

5.2 Una nueva obra del Espíritu

La otra manera en que -ha sido descrito el Bautismo en el Espíritu es como un nuevo envío del Espíritu a la vida de una persona. Este punto de vista enfatiza que, aunque el Bautismo en el Espíritu está intrínsecamente relacionado con los sacramentos, no puede ser descrito solamente como una liberación de gracias sacramentales latentes a través de la remoción de obstáculos. La idea de liberación expresa una de las dimensiones del Bautismo en el Espíritu: el avance en la conciencia y en el poder efectivo de lo que ya estaba dentro. Sin embargo, no aborda el otro aspecto: que el Espíritu de Dios entra de una forma nueva en la vida de una persona y le otorga dones nuevos. El Bautismo en el Espíritu es una acción del Espíritu Santo - en cierto sentido, una "misión" distinta del Espíritu - y no una obra humana. Implica no solo la idea de lo "ya dado", sino la de lo "nuevo desde arriba".

Además, la experiencia real de las personas bautizadas en el Espíritu varía ampliamente, aunque hay un núcleo común, tal como fue descrito en la primera parte de este libro. Algunas personas experimentan un cambio repentino y dramático; otras, un cambio más gradual con el paso del tiempo. Para muchos, el Bautismo en el Espíritu constituye su conversión adulta: un encuentro personal con Cristo que los transforma radicalmente y los coloca por primera vez en el sendero del discipulado. Para otros, la conversión ya se ha producido y el Bautismo en el Espíritu constituye una liberación más completa del Espíritu y de sus carismas, especialmente como preparación para una nueva misión o tarea a la que Dios los está llamando. Santo Tomás de Aquino hace referencia a esta obra tan contundentemente nueva del Espíritu en la vida del cristiano, cuando escribe:

> También por el crecimiento virtuoso o el aumento de la gracia se hace la misión invisible [del Espíritu Santo]... Sin embargo, la misión invisible se entiende en especial, del aumento de la gracia, por la que alguien es elevado a poder realizar algún acto nuevo o a un nuevo estado de gracia. Ejemplo: Cuando alguien alcanza la gracia de hacer milagros, o de la profecía, o también cuando, lleno de amor, se expone al martirio, renuncia a lo que posee, o se lanza a alguna empresa difícil.[90]

Aunque el Espíritu a menudo viene en respuesta a la oración, viene de una manera gratuita, misteriosa y adaptada de forma única a cada individuo. Siendo así, no se puede hacer que una manera particular de recibir Bautismo en el Espíritu se convierta en obligatoria o normativa. Esta gracia sigue siendo en su esencia un don soberano para bendecir a toda la Iglesia, dado libremente y recibido libremente.

6. ¿El Bautismo en el Espíritu es para todo cristiano?

Esta pregunta clave ha sido objeto de debate. Muchos de los que pertenecen a la Renovación Carismática, tanto protestantes como católicos, están firmemente convencidos de que la gracia del Bautismo en el Espíritu es para todos los miembros de la Iglesia. En los primeros años de la Renovación Carismática Católica, esto se expresaba a veces mediante una comparación con la renovación litúrgica: igual que la renovación litúrgica fue para toda la Iglesia y estaba destinada a desvanecerse en una Iglesia renovada litúrgicamente, así la renovación carismática se desvanecería en una Iglesia renovada carismáticamente. Otros, incluso obispos, fueron vacilantes ante tal afirmación y vieron a la Renovación Carismática como uno de los muchos movimientos eclesiales nuevos, cada cual con sus propios carismas, dentro de la comunión de la Iglesia universal. El papa san Juan Pablo II, dentro de su enseñanza a las asociaciones de fieles laicos, relacionó carismas especiales con la Iglesia universal: "Todos, pastores y fieles, estamos obligados a favorecer y alimentar continuamente vínculos y relaciones fraternas de estima, cordialidad y colaboración entre las diversas formas asociativas de los laicos. Solamente así las riquezas de los dones y carismas que el Señor nos ofrece pueden dar su fecunda y armónica contribución a la edificación de la casa común."[91]

En ambas posturas se han expresado verdades importantes. Como un movimiento organizado con sus propias estructuras y patrones de iniciación y formación, la Renovación Carismática es un movimiento eclesial entre muchos, al que las palabras de san Juan Pablo II, citadas arriba, aplican completamente. Pero el Bautismo en el Espíritu es para todos los bautizados en la medida en que es un revivir el bautismo sacramental y de la confirmación.

De modo semejante, los carismas como tales son para toda la Iglesia, ya que pertenecieron al ministerio de Jesús y fueron parte de lo que Él heredó a la Iglesia a través de los Doce.[92] Sin embargo, las formas particulares que toman estos dones en diferentes tiempos y entornos no pueden hacerse normativas para ninguna persona o grupo. No se puede decir que cualquier carisma es para todos los cristianos, ya que se dan libremente según la voluntad del Espíritu. Este último punto también aplica para aquellos aspectos de la espiritualidad de la Renovación Carismática que representan una forma particular de responder a la gracia del Bautismo en el Espíritu, pero que no pueden considerarse como la única forma.

7. ¿Deberían los no bautizados admitir oraciones para el Bautismo en el Espíritu?

La sección anterior ha dado lugar a una pregunta relacionada: ¿deberíamos orar con los no bautizados para que reciban el Bautismo en el Espíritu? La escritura registra un caso en donde se produjo el derramamiento pentecostal del Espíritu antes del bautismo (Hch 10, 44-48). Sin embargo, Lucas deja en claro que este acontecimiento fue una intervención única de parte de Dios con el fin de hacer evidente que la salvación en Cristo es tanto para gentiles como para judíos. En cualquier otra parte del libro de los Hechos, y a lo largo de la tradición cristiana, el bautismo y la confirmación son los medios normales por los cuales es impartido el don del Espíritu.

Aunque Dios es libre de dar el Espíritu según su voluntad incluso aparte de los sacramentos, su pueblo está obligado a respetar los canales ordinarios de gracia que han sido establecidos por Cristo. En general, debería hacerse oración para pedir el Bautismo en el Espíritu solamente después de pasar por un proceso de conversión a Cristo y después de recibir el sacramento del bautismo. Sin embargo, esto no descarta la posibilidad de orar con los no bautizados para pedir la luz del Espíritu y la gracia que los ayude en el camino de conversión. En algunos casos, las personas están dispuestas a acudir a un Seminario de Vida en el Espíritu o a un curso similar antes de estar listas para entrar en el proceso del RICA (Rito de iniciación cristiana para adultos). En tales casos, los líderes pueden buscar la sabiduría del Señor en cuanto a cómo orar por estas personas y garantizar que haya un buen seguimiento al invitarlos a la plenitud de la iniciación cristiana (véase la sección 3 de la cuarta parte, a continuación).

8. ¿Puede alguien ser bautizado en el Espíritu más de una vez?

El Bautismo en el Espíritu, como normalmente se entiende, es un nuevo encuentro con el Espíritu en la vida de una persona, una experiencia que crea un distinto "antes" y "después". En este sentido es un acontecimiento único, como lo fue Pentecostés en la Iglesia primitiva. Sin embargo, esto no excluye la posibilidad de renovadas venidas del Espíritu, como también ocurrió en la Iglesia primitiva (Hch 4, 31).[93] De cuando en cuando, todos los cristianos necesitan y pueden orar para pedir un nuevo derramamiento del Espíritu, especialmente en vista de nuevas circunstancias -como el matrimonio, el llamado a un apostolado, una enfermedad, etcétera-, las cuales requieren de nuevos dones del Espíritu. También existe la posibilidad de sufrir retrocesos, en cuyo caso hay la necesidad de arrepentimiento y de renovación. La Iglesia cree que todos los cristianos han recibido el Espíritu Santo en el bautismo; sin embargo, en sus oraciones siempre nos enseña a implorar de nuevo: "¡Ven, Espíritu Santo!".

Cuarta parte
Cuestiones pastorales

El Bautismo en el Espíritu es más fructífero en entornos donde hay un buen acompañamiento pastoral y un proceso de sana formación y de integración a la vida de la Iglesia. Este apartado nos proporcionará algunas pautas para supervisar cómo se recibe y se vive el Bautismo en el Espíritu, y abordará algunos de las cuestiones pastorales relacionadas con él.

1. Preparación para el Bautismo en el Espíritu

Una buena preparación ayuda a garantizar que las personas experimenten el Bautismo en el Espíritu no como un acontecimiento aislado y superficial, sino como el impulso para una vida de continua conversión, santidad y misión. La preparación también ayuda a que las personas abran totalmente sus corazones a la gracia de Dios y fundamentar su experiencia en la fe y en la vida de la Iglesia.

Muchos católicos nunca han recibido una sólida formación. Asimismo, como observó el papa san Juan Pablo II, muchos católicos han sido bautizados y catequizados sin ser suficientemente *evangelizados;* es decir, sin prestar atención a la proclamación básica del evangelio, de forma que los condujese a un encuentro personal con Cristo y la conversión del corazón.[94] El cardenal Stanislaw Rylko, presidente del Consejo Pontificio para los Laicos, ha señalado que la cultura de hoy a menudo produce "identidades cristianas débiles y confusas; una fe que asume el aspecto de una práctica rutinaria bajo la influencia de un peligroso sincretismo...; una superficial y distraída pertenencia a la Iglesia, que no repercute de manera significativa en las opciones y en los comportamientos."[95] Además, muchos individuos, habiendo sido heridos por la disfunción familiar y otros efectos de la cultura de la muerte, a menudo requieren de una sanación interior, antes de ser capaces de abrirse totalmente a la gracia del Espíritu Santo.

La formación, particularmente a través de la predicación de la palabra de Dios, es crucial para proporcionar un contexto y una explicación a lo que las personas experimentan. El Concilio Vaticano II nos enseñó que el plan de Dios "se realiza con hechos y con palabras intrínsecamente conexos entre sí, de forma que las obras realizadas por Dios en la historia de la salvación manifiestan y confirman la doctrina y las realidades significadas por las palabras; y las palabras, por su parte, proclaman las obras y esclarecen el misterio contenido en ellas" *(Dei Verbum, 2)*. Este principio también es válido para el Bautismo en el Espíritu y para toda acción de Dios en la vida humana. Generalmente, hay una correlación directa entre lo que se predica y lo que se experimenta. Una predicación y una doctrina sólidas posibilitan la apertura de las personas para ser tocadas por Dios y las preparan para interpretar adecuadamente lo que experimentan. Inversamente, la experiencia de Dios hace que los principios de la fe cobren vida de un modo personal y existencial.

En los primeros tiempos de la Renovación Carismática, se desarrolló el Seminario de Vida en el Espíritu como una manera de preparar a los católicos para recibir el Bautismo en el Espíritu. El seminario generalmente está diseñado bajo la forma de un curso de seis o siete semanas, pero también puede tener lugar durante un fin de semana o incluso en un solo día, o bajo un formato más largo (10 semanas o más) que incluye una evangelización y catequesis más a fondo.[96] El Seminario de Vida en el Espíritu funciona mejor para los católicos que ya conocen los fundamentos de la fe. Para las personas que han tenido poca o ninguna formación en la fe, puede ser recomendable comenzar con un programa de evangelización que proclame el mensaje básico del evangelio.

Parte importante de la formación son los testimonios personales de aquellos cuyas vidas han sido transformadas por el Espíritu Santo. Dichos testimonios pueden despertar la fe expectante y ayudar a las personas a comprender concretamente cómo el Espíritu actúa en nuestras vidas.

Se recomienda que la formación para el Bautismo en el Espíritu Santo incluya los componentes enumerados a continuación:

1.1 El amor de Dios Padre

"El amor de Dios ha sido derramado en nuestros corazones por medio del Espíritu Santo que se nos ha dado" (Rm 5, 5). A muchas personas les resulta difícil aceptar el amor de Dios, debido a ciertas experiencias de rechazo en su pasado y debido también a la tendencia humana de abatirse pensando en que necesitamos ganarnos el amor de Dios. Por lo tanto, una parte importante de la preparación para el Bautismo en el Espíritu es una clara predicación sobre el amor personal, tierno e incondicional que Dios tiene para cada persona: un amor que sobrepasa infinitamente cualquier cosa que pudiéramos ganar o merecer. Esto incluye una explicación del kerigma básico del evangelio; es decir, cómo Dios ha manifestado su amor por nosotros: "Dios ha demostrado su amor a nosotros en cuanto que, siendo todavía pecadores, Cristo murió por nosotros" (Rm 5, 8; véase 1.° Jn 4, 10). El conocimiento del amor de Dios, impartido por el Espíritu Santo, cambia a una persona hasta el nivel más profundo de su corazón y se convierte en la base para dar a cambio una respuesta sincera de amor por Él.

1.2 El señorío de Jesús

"Veneren en sus corazones a Cristo como Señor" (1,° Pe 3,15). La doctrina para la formación debe preparar, a quienes nunca lo han hecho conscientemente, a invitar a Jesús a entrar en sus corazones como Salvador y Señor. Esto incluye una explicación de la realidad del pecado y de la Buena Nueva del perdón de los pecados y de la reconciliación con Dios a través de la cruz de Cristo. Jesús es nuestro amigo y nuestro hermano; Él comprende todas nuestras debilidades y tentaciones y está siempre con nosotros en todas las alegrías y tristezas de la vida. Él ha vencido realmente al pecado y, por el poder de su cruz, podemos resistir nuestras tendencias pecaminosas y vivir una nueva vida como hijos e hijas de Dios. El reconocimiento de la autoridad soberana de Jesús sobre todas las cosas (Hch 10, 36) da a las personas paz, libertad y un nuevo deseo de entregar sus vidas a Él. La doctrina debe ayudar a las personas a abrazar alegremente el llamado al discipulado radical, aunque esto signifique tomar la cruz e ir contra corriente por el mundo.

1.3 El poder del Espíritu Santo

"Recibirán el poder, cuando el Espíritu Santo descienda sobre ustedes" (Hch 1, 8). El Bautismo en el Espíritu trae consigo una revolución interior: en lugar de que la vida cristiana consista en esforzarnos por crecer en la santidad, Dios lo viene a fortalecer y coronar, dándonos un reconocimiento profundo de que "hemos sido salvados por gracia" (Ef 2, 5) y de que apartados de Cristo no podemos hacer nada.[97] Esta toma de conciencia de nuestra pobreza espiritual no nos conduce al desaliento, sino a la confianza segura en el Señor: "No será por el poder, ni con fuerza, sino por mi Espíritu, dice el Señor de los ejércitos" (Zac 4, 6). La buena doctrina presenta el poder del Espíritu, en primer lugar, como un poder para la santificación y, en segundo lugar, como un poder para prepararnos a ser testigos de Cristo, igual que Jesús mismo fue fortalecido por el Espíritu para su ministerio terrenal (Lc 3, 21-22; 4, 18-20). Cuando una persona aprende a ser guiada por el Espíritu, el Espíritu hace brotar los frutos de santidad: "la caridad, la alegría, la paz, la paciencia, la benignidad, la bondad, la fidelidad, la mansedumbre, la continencia" (Gál 5, 22-23). En este sentido, es útil recurrir a ejemplos de las vidas de los santos. También debe darse orientación sobre cómo tomar conciencia y ser obedientes ante las discretas incitaciones internas del Espíritu.

1.4 El arrepentimiento, el perdón y la batalla espiritual

"Cuando estén orando, perdonen cualquier ofensa que alguien les haya hecho, para que también su Padre que está en los cielos perdone a ustedes sus ofensas" (Mc 11, 25). Para abrirnos totalmente al Espíritu Santo, es necesario que nos arrepintamos de nuestros pecados y que perdonemos a quienes nos hayan ofendido, lo cual es en sí mismo una gracia de Dios.

El Bautismo en el Espíritu a menudo trae consigo una más aguda conciencia del pecado y de la batalla espiritual, a la manera de Jesús mismo que fue conducido al desierto para ser tentado por Satanás inmediatamente después de su bautismo (Mc 1, 12-13). La formación debe incluir instrucciones prácticas sobre cómo resistir las tácticas del maligno (sus tentaciones, sus intentos por atemorizar, sus mentiras, sus acusaciones) y sobre cómo vestirse con la armadura de Dios (Ef 6, 10-18). Los demonios son ángeles caídos que no tienen poder, excepto en la medida permitida por la providencia de Dios, y Cristo en la cruz ha ganado la victoria definitiva sobre ellos. La doctrina sobre la batalla espiritual nunca debe despertar el miedo a los demonios, ni una preocupación malsana por ellos, sino más bien un celo para resistir el pecado y una confianza en la victoria del Señor.

En los lugares del mundo donde es un fenómeno generalizado recurrir a la brujería o al ocultismo, puede haber necesidad de oraciones de liberación o, en casos extremos, de exorcismos realizados por un exorcista diocesano autorizado. Debe abordarse cualquier signo de actividad demoníaca, antes de hacer oración por el Bautismo en el Espíritu. Se puede conducir a los participantes a una evidente renuncia a Satanás y a todas sus obras, para lo cual la renovación de los votos bautismales en la liturgia de la Vigilia Pascual proporciona un buen modelo. Las enseñanzas también pueden incluir una explicación de la acción salvífica de Jesús de esta manera: Jesús nos salva 1) de todos los pecados personales; 2) de todas las heridas causadas por otros; 3) de todos los espíritus malignos; 4) de la enfermedad; 5) de la muerte.[98]

Es altamente recomendable invitar a las personas a que reciban el sacramento de la reconciliación, antes de orar para pedir el Bautismo en el Espíritu. Ellas deben ser alentadas a hacer uso regularmente de los sacramentos y de otros medios dados por la Iglesia para resistirse al pecado y a Satanás (por ejemplo, sacramentales como el agua bendita).

1.5 Los carismas

"Empéñense en tener caridad y aspiren a los dones espirituales" (1.° Cor 14, 1). Aunque los carismas son dados a cada uno de los miembros del cuerpo de Cristo (1,° Cor 12, 7), pocos católicos son conscientes de que tienen carismas, o saben cómo usarlos. La preparación para el Bautismo en el Espíritu debe incluir la doctrina sobre los carismas que otorga el Espíritu (véase más arriba la sección 2.3 de la segunda parte) y sobre cómo recibirlos y ejercerlos. Los carismas son distintos de los dones de santificación otorgados a todos en el bautismo (cf. Is 11, 1-2), los cuales completan y perfeccionar las virtudes.[99] También son distintos de los talentos humanos, aunque a veces los carismas pueden edificarse sobre talentos humanos, tales como la enseñanza o la hospitalidad. Los carismas son distribuidos en diversa medida a diferentes personas y han de ser puestos al servicio de los demás para edificar el cuerpo de Cristo. El don de lenguas es a menudo, aunque no siempre, el primer carisma recibido; puesto que es una forma sencilla de rendirse al Espíritu, puede ser la puerta de entrada a otros carismas. Sin embargo, como se señaló anteriormente, las lenguas no deben ser interpretadas como un signo necesario del Bautismo en el Espíritu.

1.6 El crecimiento constante

"Perseveraban en la doctrina de los apóstoles, en la comunión, en la partición del pan y en las oraciones" (Hch 2,42). Si el Bautismo en el Espíritu ha de ser una gracia duradera, debe existir un compromiso con las prácticas que construyen una vida espiritual sólida. Al igual que la Iglesia primitiva, estas prácticas incluyen la doctrina, la comunión, los sacramentos y la oración.

La formación debe ayudar a que las personas desarrollen el hábito de la oración diaria y de la lectura de la Biblia en su forma de *lectio divina.*

El Bautismo en el Espíritu concede un poderoso impulso a la formación de la comunidad. Idealmente, el Seminario de Vida en el Espíritu conduce a la formación de pequeños grupos que se reúnen regularmente para compartir la fe. Los grupos pequeños proveen a las personas de un contexto para desarrollar amistades cristianas; para compartir sus alegrías, penas y agobios; y para aprender a rezar unos por otros y apoyarse mutuamente en el llamado a la santidad. Estos grupos son un poderoso antídoto contra la soledad y la despersonalización de la sociedad contemporánea. De hecho, es imposible vivir la vida cristiana sin formar algún tipo de comunidad.

Los participantes también deben recibir oportunidades para continuar profundizando en su conocimiento de la fe, de los santos y de las tradiciones espirituales de la Iglesia. Hay necesidad de formación en la enseñanza moral de la Iglesia, especialmente en vista de los muchos embates de la cultura secular. La teología del cuerpo, catequesis del papa san Juan Pablo II sobre el amor humano en el plan divino, es particularmente útil para dar a la gente una visión de la belleza del plan de Dios para la vida humana.

Finalmente, la vida espiritual de las personas debe seguir siendo nutrida con la participación, de forma sincera y con regularidad, en el sacramento de la reconciliación y en la Eucaristía, "fuente y culmen de la vida cristiana" (*Catecismo de la Iglesia Católica,* 1324).

1.7 La misión

"Gratuitamente lo recibieron, denlo gratuitamente" (Mt 10, 8). El amor de Dios permanece vivo en una persona solamente en la medida en que se regala; igual que el agua, si no tiene salida, se estanca. La doctrina para la formación ayuda a las personas a reconocer en qué forma son enviados por el Espíritu: a cada persona le ha sido dada una misión de parte de Dios, una colaboración única e indispensable en la misión del cuerpo de Cristo.[100] Cada uno está llamado a abandonar el "aposento alto" y a salir al mundo, llevando la Buena Nueva.

Según lo enfatizado por recientes Pontífices,[101] todos los católicos están llamados a evangelizar. Todos están llamados a ser testigos vivos de Cristo, tanto de palabra como de obra, en la familia, en el lugar de trabajo, y en la sociedad en general. Los laicos en particular tienen la tarea de transformar la cultura, trayendo la luz de Cristo a cada aspecto de la sociedad. El Bautismo en el Espíritu a menudo aporta un nuevo dinamismo y creatividad para esta tarea, ya que las personas despiertan a la realidad de haber sido dotadas y llamadas a llevar el mensaje del Evangelio.

Participar en la misión de la Iglesia incluye poner al servicio de los demás, a menudo en formas sencillas, tanto la propia persona como los dones recibidos. Significa estar alerta a las necesidades de los demás, especialmente de los que son materialmente o espiritualmente pobres, y hacer obras de misericordia: proporcionar comida, refugio, ropa y estímulo; interceder por otros; elevar oraciones de sanación y liberación; dar testimonio de los valores del Evangelio y trabajar por la paz y la justicia en la sociedad.

2. Oración por el Bautismo en el Espíritu

La oración por el Bautismo en el Espíritu Santo generalmente ocurre en el contexto de un grupo o comunidad de oración, entre hermanos y hermanas que han experimentado el Bautismo en el Espíritu. Como el cardenal Paul Josef Cordes ha señalado: "Aquí la *communio* como dimensión del Espíritu de Dios alcanza su valor expresivo. El Espíritu generalmente elige el camino de la mediación a través de hermanos y hermanas en la fe, es decir, a través de la comunidad de fe de la Iglesia".[102]

La oración por el Bautismo en el Espíritu generalmente es precedida por una breve enseñanza para suscitar la fe, para explicar cómo rendirse ante el Espíritu y sus carismas, y para alentar actitudes apropiadas de confianza, paz, sencillez y alegría. Se puede dar lectura a pasajes de la Sagrada Escritura, como Mc 16, 15-18; Lc 11, 9-13; Jn 14, 16; Hch 2, 1-4; 4, 24-31; 10, 44-46. Después se hace una renovación de las promesas bautismales, guiada por un sacerdote o un diácono, de ser posible utilizando la forma litúrgica estándar, así como una oración de compromiso personal con Jesucristo. De esta manera, las personas se abren a la acción del Espíritu Santo a través de una decisión libre, un paso de conversión en el que se entregan ellos mismos totalmente a Jesús, sin poner límites a la acción de Dios.[103]

A continuación, los líderes o miembros de la comunidad de fe oran por cada individuo para que reciba el Bautismo en el Espíritu Santo. Esta oración generalmente es acompañada por el gesto de imponer las manos sobre la cabeza o el hombro de la persona. "La imposición de manos no es un rito sacramental, aunque este gesto a menudo está presente en la celebración de los sacramentos. Es, más bien, un gesto cotidiano que la tradición judeocristiana ha conocido y practicado siempre".[104] La imposición de manos significa que los hermanos y hermanas están unidos al individuo, caminando hombro con hombro. La oración está marcada por la simplicidad y la fe expectante, que confía en la promesa de Jesús: "Si ustedes, a pesar de ser malos, saben dar cosas buenas a sus hijos, ¡cuánto más el Padre celestial dará el Espíritu Santo a aquellos que se lo piden!" (Lc 11, 13). Los líderes deben dejar en claro que la acción del Espíritu es un don gratuito de Dios, el cual no depende de la santidad o dones conferidos a los que están orando. No debe haber ninguna tentativa de producir fenómenos particulares o de controlar el trabajo del Espíritu. Puesto que el Bautismo en el Espíritu pertenece a la dimensión carismática de la Iglesia, debe tenerse cuidado de no convertir la oración por el Bautismo en el Espíritu en un rito pseudolitúrgico, sino de dejar al Espíritu libre para moverse a voluntad.

Resulta ampliamente variable la experiencia de las personas puestas en oración para pedir el Bautismo en el Espíritu. En algunos hay una intensa emoción, a veces de alegría acompañada con lágrimas. Algunos tienen una sensación abrumadora del amor de Dios; otros, una profunda sensación de paz; algunos más no tienen ninguna reacción aparente. En algunos se da una manifestación inmediata de carismas; en otros, no. Algunos experimentan cambios espirituales más tarde, en los días o semanas después de la oración. Los participantes deben ser ayudados para que entiendan que la presencia del Espíritu no se mide por la emoción o el sentimiento. Por otro lado, puede haber obstáculos dentro de una persona (por ejemplo, tener miedos, no haberse arrepentido de los pecados, tener heridas internas), que impidan la completa liberación del Espíritu. Un liderazgo maduro es esencial para discernir lo que está sucediendo y para dar auxilio a cada persona con sensibilidad y respeto.

Después de la oración por el Bautismo en el Espíritu, es bueno tener un momento de adoración y acción de gracias, durante el cual todos los participantes son alentados a rendirse a los carismas del Espíritu, particularmente a la profecía, a la palabra de sabiduría, a la oración y el canto en lenguas, y a la alabanza espontánea. Alentar el ejercicio de los dones no significa forzarlos; debe ser respetada la libertad de cada persona. Este momento de adoración comunitaria puede resultar un buen entorno para que las personas adquieran el valor y den pequeños pasos en el aprendizaje para utilizar y discernir los carismas. Como sucede con cualquier don, el que una persona aprenda a ejercer un carisma correctamente, lleva tiempo y práctica. Es posible que se cometan errores, pero si hay un espíritu de humildad y docilidad, esos errores provocarán un progreso.

Por último, hay que recordar que, aunque los medios de los que se vale el hombre para prepararse sean útiles y necesarios, Dios no está obligado por ellos. Algunas personas son bautizadas en el Espíritu espontáneamente, sin intervención humana. Esto a veces ocurre durante la liturgia o en la oración personal, en un retiro o conferencia, o en los momentos y lugares más inesperados. Aún en tales casos se necesita de una formación organizada, sólida y permanente, para que el don de Dios eche raíces y produzca fruto en la vida de las personas. Quienes conducen programas de preparación deben recordar que su tarea no es producir, sino asistir el trabajo del Espíritu, quien actúa soberanamente, según su voluntad, en la vida de cada persona.

3. Seguimiento del Bautismo en el Espíritu

De principio a fin, las enseñanzas para la preparación deben dejar en claro que el Bautismo en el Espíritu no es un acontecimiento de una sola ocasión, sino el comienzo de un viaje cuyo objetivo es la renovación de la vida cristiana entera. El don del Espíritu no es estático, sino que está destinado a crecer y a producir el fruto maduro de la santidad.[105] Esto presupone que, después de la oración por el Bautismo en el Espíritu, se proporcionen más oportunidades para que las personas crezcan en la vida espiritual. Estas deben incluir el estudio permanente de la Sagrada Escritura y de la doctrina católica, especialmente dirigido a los laicos, quienes tienen un carisma para la predicación popular, pero carecen de formación teológica.

La gente recién bautizada en el Espíritu también necesita estímulo y oportunidades para poner en práctica el empleo de los dones espirituales. Deben darse instrucciones sobre el modo de utilizar los dones de acuerdo con su propósito, que es el de edificar el cuerpo de Cristo. Puede ser útil explicar los siguientes criterios básicos de discernimiento. El ejercicio de un carisma auténtico:

- centra la atención en Jesucristo y da gloria a Él, en lugar de llamar la atención sobre el individuo;

- en el caso de un "don de palabra", como el de profecía, este es plenamente coherente con la doctrina católica;[106]
- contribuye a la edificación del cuerpo de Cristo en el amor;
- evita un excesivo énfasis en el método o la técnica, como si un resultado exitoso, por ejemplo una curación, se debiera a la experiencia del individuo, más que al don gratuito del Espíritu Santo;
- evita cualquier semejanza con prácticas ocultas, tales como conversar con demonios, y se caracteriza por la sencillez y la humildad, confiando en el Señor, que actúa según su voluntad;
- se caracteriza por un espíritu de obediencia, tanto a los pastores de la Iglesia como a quienes tienen autoridad legítima en el entorno local.

4. Integración a la vida de la Iglesia

El primer fruto de la pasión y resurrección de Cristo y del derramamiento del Espíritu en Pentecostés fue el nacimiento de la iglesia. Entonces como ahora, la vida cristiana no puede ser vivida en soledad, sino únicamente en comunión con el cuerpo de creyentes establecido por Cristo. Reconociendo este hecho, la Renovación Carismática ha tratado de estar siempre en plena comunión con la Iglesia y con sus pastores. Como se explicaba arriba, en la sección 6 de la tercera parte, en cierto sentido la Renovación Carismática es un movimiento en medio de otros que hay en la Iglesia, con su estilo particular y su espiritualidad. Pero, en otro sentido, la Renovación es única, en cuanto a que es portadora de una gracia que pertenece a toda la Iglesia y está destinada a la renovación de toda la Iglesia.[107] Esta doble realidad crea una responsabilidad especial para los líderes y los participantes en la renovación. Por una parte, están llamados a atesorar y fomentar la gracia del Bautismo en el Espíritu, tal como se ha expresado claramente en la Renovación Carismática. Por otra parte, están llamados a contribuir a la difusión de esa gracia a lo largo de toda la Iglesia, incluso entre aquellos que no pertenecen a la Renovación Carismática. En ambos casos, es necesario confiar en la dirección del Espíritu Santo, que guía a la Iglesia a través de la historia. Esa confianza en el Espíritu requiere de estar arraigados en la Iglesia y ser dependientes de ella, reconociendo que Cristo confió a la Iglesia la autoridad para interpretar la palabra de Dios de manera fidedigna y para discernir la obra del Espíritu.

La integración de la Renovación Carismática en la vida de la Iglesia conlleva estos dos aspectos: primero, alcanzar la madurez eclesial como movimiento; segundo, buscar formas de difundir la cultura de Pentecostés a lo largo de toda la Iglesia y del mundo, especialmente en un redescubrimiento del poder pleno y de la eficacia de los sacramentos de iniciación.

4.1 La Renovación Carismática Católica como un movimiento en la Iglesia

Desde 1975 la Renovación Carismática ha tenido una relación formal con la jerarquía de la Iglesia; primero a través del cardenal Suenens, después a través del obispo (ahora ya cardenal) Cordes y del cardenal Rylko del Consejo Pontificio para los Laicos, que ha sido un importante medio de apoyo y supervisión eclesial. Los líderes de la Renovación Carismática participan en reuniones internacionales y locales con los de otros movimientos, como el movimiento de los Focolares, el Camino Neocatecumenal, Comunión y Liberación, la Comunidad de San Egidio, y el movimiento de Schoenstatt. Algunas diócesis han designado un funcionario de enlace para los nuevos movimientos eclesiales o han formado estructuras de colaboración entre los movimientos y las estructuras diocesanas y parroquiales ordinarias.

La Renovación Carismática no es una entidad simple con una estructura organizacional unificada, sino más bien una serie de movimientos y grupos unidos por una experiencia común del Bautismo en el Espíritu, que incluyen grupos de oración, comunidades de alianza, escuelas de evangelización, ministerios de sanación y una amplia variedad de grupos y ministerios, algunos ecuménicos y otros exclusivamente católicos. La forma en la que la Renovación se relaciona con las estructuras de la Iglesia local depende en parte de las circunstancias locales, pero ciertos principios se mantienen como válidos en todo lugar. La parroquia constituye la estructura principal de la Iglesia local para el cuidado pastoral y para el apostolado. Como han señalado recientes Pontífices, [108] los movimientos funcionan como una especie de levadura, que aporta a la Iglesia local un fervor nuevo y dinamismo misionero. La parroquia necesita los movimientos con su vitalidad espiritual, y los movimientos necesitan la parroquia para evitar encerrarse en sí mismos. Los movimientos deben cultivar una estrecha relación con el obispo local, quien tiene plena autoridad para supervisar y regular todo lo referente a la fe y al apostolado en su diócesis. El cardenal Ratzinger hablaba de esta relación:

> A los movimientos va dirigida esta advertencia: incluso si en su camino han encontrado y participan a otros la totalidad de la fe, ellos son un don hecho a la Iglesia entera, y deben someterse a las exigencias que derivan de este hecho, si quieren permanecer fieles a lo que les es esencial. Pero también debe decirse claramente a las iglesias locales, también a los obispos, que no les está permitido ceder a una uniformidad absoluta en las organizaciones y programas pastorales. No pueden ensalzar sus proyectos pastorales, como medida de aquello que le está permitido realizar al Espíritu Santo.[109]

El cardenal Rylko ha descrito bien el espíritu de respeto mutuo y de humildad que debe prevalecer:

> San Juan Pablo II insistía mucho en que los movimientos eclesiales y las nuevas comunidades están llamados a insertarse en las diócesis y en las parroquias "con humildad", es decir, con una actitud de servicio a la misión de la Iglesia, evitando cualquier forma de orgullo y de sentido de superioridad con relación a otras realidades, con un espíritu de comunión eclesial y de sincera colaboración. Al mismo tiempo, el Papa insistía a los

> pastores -obispos y párrocos- en que los acogieran "con cordialidad", reconociendo y respetando sus respectivos carismas y acompañándolos con paterna solicitud. La regla de oro formulada por san Pablo vale también en este caso: "No apaguen la fuerza del Espíritu; no menosprecien los dones proféticos. Examínenlo todo y quédense con lo bueno" (1.° Tes 5, 19-20).[110]

En el histórico encuentro de movimientos laicales en el día de Pentecostés de 1998, el papa san Juan Pablo II se expresó de los nuevos movimientos como la "respuesta providencial del Espíritu Santo" a los desafíos críticos de la Iglesia en nuestro tiempo. También llamó a los movimientos a alcanzar la "madurez eclesial", es decir, mantener el fruto maduro de la comunión y del compromiso dentro de la Iglesia. Las características de la madurez eclesial, tal como se establecen en *Christifideles Laici,* 30, incluyen dar primacía al llamado a la santidad, fidelidad al Magisterio de la Iglesia en la doctrina y los principios morales, comunión con el Papa y el obispo local, participación en la misión de la Iglesia y compromiso para promover la dignidad de la persona en la sociedad humana.

4.2 Difusión de la cultura de Pentecostés

El papa san Juan Pablo II dirigió esta exhortación a la Renovación Carismática Católica en 2004: "Gracias al movimiento carismático numerosos cristianos, hombres y mujeres, jóvenes y adultos, han redescubierto Pentecostés como realidad viva y presente en su vida diaria. Deseo que la *espiritualidad de Pentecostés* se difunda en la Iglesia, como un *renovado impulso de oración, de santidad, de comunión y de anuncio."*[111] En otra ocasión instó a los líderes de la Renovación Carismática a ayudar a traer a la vida la "cultura de Pentecostés".[112] Este mensaje ha sido repetido por el papa Benedicto XVI.[113]

Una cultura es una forma de vida compartida que encarna las creencias y los valores que una sociedad sostiene profundamente. ¿Qué es la cultura de Pentecostés? Es aquella en la que el Espíritu Santo es conocido, amado y frecuentemente invocado; en la que todo el estilo de vida deriva de la presencia activa del Espíritu y de sus dones. Esta cultura se manifiesta en la liturgia y en la oración comunitaria, en la vida familiar, en la música, en el arte, en la educación, en la recreación, en la política y en otras formas de interacción social. Las características de esta cultura habrían de incluir una expectativa confiada de que el Señor nos habla y actúa en nuestras vidas; liturgias y reuniones de oración que contengan alabanza y adoración alegre y espontánea; lectura frecuente y compartida de la Sagrada Escritura; lazos cercanos de hermandad espiritual, a menudo en alguna forma de comunidad; apertura al poder de Dios para la sanación y la liberación; compromiso activo en la batalla espiritual; amor a Dios expresado en el servicio humilde de unos con otros y con los necesitados; fuerte impulso hacia el ecumenismo; celo para dar testimonio del evangelio, y anhelo por la venida de Cristo lleno de gloria. En definitiva, una cultura de Pentecostés -una cultura de la vida que derroca la cultura de la muerte- debe impactar y moldear toda la sociedad.

El derramamiento del Espíritu en la Renovación Carismática Católica desde 1967, ha causado ya un profundo impacto sobre la Iglesia en muchas de estas áreas, pero la Iglesia siempre está necesitada de una renovación más profunda. Aquellos que son bautizados en el Espíritu juegan un papel importante en llamar a toda la Iglesia a regresar de forma diferente al Cenáculo, al Aposento Alto, unidos en oración constante con María y los discípulos, aguardando con expectación una renovada venida del Espíritu Santo.

4.3 Bautismo en el Espíritu y los sacramentos de iniciación

El vínculo teológico entre el Bautismo en el Espíritu y el bautismo sacramental ya fue discutido arriba, en la sección 5 de la tercera parte. La presente sección ofrece algunas sugerencias para su aplicación pastoral.

En la Iglesia primitiva, cuando los sacramentos de iniciación se administraban más a menudo a los adultos, se daba por hecho que la iniciación cristiana suponía una conversión radical y una transformadora experiencia de la vida divina, a la que el cristiano recién nacía. En donde se administraban los sacramentos a infantes o niños pequeños, como normalmente sucede hoy en día, los elementos de fe personal y de conversión debían suministrarse más tarde para que los sacramentos tuvieran su eficacia plena. Este es especialmente el caso de los niños que crecen en un ambiente no cristiano o solo nominalmente cristiano. El Espíritu Santo es dado objetivamente a través del bautismo y de la confirmación (*Catecismo de la Iglesia Católica,* 1215, 1302), aunque ese don puede permanecer latente en el alma. Por otra parte, incluso entre los adultos que entran en la Iglesia, hay una carencia ampliamente extendida tanto de entendimiento como de expectativa sobre el poder transformador contenido en los sacramentos.

Así pues, para que la Iglesia se renueve, hay una gran necesidad de redescubrir el poder pleno y la vitalidad de los sacramentos de iniciación. Una manera de hacerlo es a través de un programa de preparación para la confirmación, que fuera semejante a un Seminario de Vida en el Espíritu. Dicho programa podría preparar a la gente joven, en un nivel adecuado a su edad, para que acoja al Espíritu Santo en sus vidas con docilidad y gran expectativa. Incluiría la proclamación básica del evangelio, esa proclamación inicial que mueve a una persona a enamorarse de Jesús y a entregarle su vida entera. El programa también enseñaría a los candidatos, cómo confiar en el poder del Espíritu Santo para vivir como comprometidos discípulos de Cristo y para crecer en santidad; además incluiría la doctrina sobre los carismas y, después de la confirmación, la práctica en el empleo de los mismos, especialmente en el contexto de la evangelización. Algunas diócesis ya han comenzado a implementar programas de confirmación de este tipo. Un enfoque similar podría ser desarrollado para el Rito de iniciación cristiana para adultos (RICA).

Aquellos que son bautizados en el Espíritu pueden desempeñar un papel importante en el desarrollo de dichos programas, sirviendo como catequistas en ellos y ayudando a garantizar que los sacramentos no se dejen vacíos de su poder a causa de la apatía, la rutina o la falta de fe.

5. Discernimiento pastoral

En el casi medio siglo desde que comenzó la Renovación Carismática Católica, ha habido un asombroso crecimiento en sabiduría y madurez. Se han corregido los errores de los primeros tiempos, cometidos debido a la ignorancia y a la inexperiencia. Pero, como siempre ocurre en la vida cristiana, hay necesidad de discernimiento continuo, de un examen de conciencia y de arrepentimiento, a fin de que los dones de Dios no se diluyan a causa del pecado y del error humano.

5.1 Perdiendo el fuego

Cada nueva obra del Espíritu enfrenta el reto de mantener su fervor inicial y un celo por la santidad avivado mediante el don de Dios. Existe el riesgo de quedarse poco a poco a la deriva, lo cual puede ocurrir a veces a causa de la tentación de controlar excesivamente el trabajo del Espíritu. En lugar de depender del Espíritu y de sus dones, podemos empezar a confiar en los planes y programas humanos o en un modo particular de hacer las cosas. Incluso las reuniones carismáticas pueden caer en la trampa de volverse superficiales y rutinarias. Con el tiempo podemos descuidar el llamado a escuchar atentamente al Señor y proclamar su palabra proféticamente en beneficio de la Iglesia. Esto a su vez puede conducir a una pérdida de claridad espiritual. Nos podemos volver indiferentes a la propagación del evangelio y a la salvación de los demás. Jesús constantemente advirtió a sus discípulos del peligro de quedarse dormidos, de volverse tibios, de que pierda la sal su sabor (Mc 13, 35-37; Mt 5, 13; 3, 16). Para evitar sucumbir a estos peligros, la Renovación

Carismática debe reavivar constantemente el fuego de su gracia fundacional, la gracia de Pentecostés, tal como hicieron los primeros cristianos (Hch 4, 24-31; 2° Tim 1, 6).

5.2 Sensacionalismo y falsas expectativas

El buen discernimiento ayudará a evitar el sensacionalismo o un exagerado énfasis en los signos, las maravillas, el denominado descanso en el Espíritu y otras manifestaciones visibles del Espíritu. Si bien es correcto tener una fe expectante de que Dios actuará, es incorrecto exigir muestras específicas de su acción (véase Mt 12,38-39). Asimismo, puede darse una devaluación de los sacramentos como principales canales de gracia establecidos por Cristo. El Bautismo en el Espíritu no es un sustituto de los sacramentos, sino la fuente del fervor reavivado para celebrar los sacramentos. También puede darse una excesiva atención a lo demoníaco, lo cual puede causar un temor malsano y puede impedir que las personas acepten la responsabilidad por sus pecados. La atención principal debe estar puesta en el Espíritu mismo como el supremo Dador y como Don de Dios, más que atender a sus dones particulares.

De igual manera, algunas personas se acercan al Bautismo en el Espíritu con falsas expectativas. Tal vez estén buscando simplemente una elevación espiritual, o una resolución inmediata a problemas personales, o un atajo en el camino a la santidad. Si este es el caso, cuando la aridez espiritual o las dificultades surgen, rápidamente desertan. El Bautismo en el Espíritu es una gracia de santidad, destinada a conducirnos a la plenitud de la madurez cristiana. No es un escape a las demandas del discipulado: “Si alguno quiere venir detrás de mí, que se niegue a sí mismo, que tome su cruz todos los días y me siga” (Lc 9, 23). El Bautismo en el Espíritu nos *confiere el poder* de emprender este llamado con energía divina. Es una gracia que debe continuar creciendo a lo largo de la vida de una persona, ya que él o ella se rinden ante el Espíritu cada día.

5.3 Elitismo y orgullo espiritual

El elitismo o la piedad encerrada en sí misma es una tentación común de los movimientos de renovación. Quienes pertenecen a una comunidad o grupo de oración deben evitar asfixiarse ellos mismos con una sensación de autocomplacencia. Una cosa es regocijarse y dar testimonio de una obra maravillosa de Dios en nuestras vidas; pero una cosa totalmente diferente es mirar hacia abajo a los demás, como si fueran menos santos que nosotros mismos. Así también, debemos protegernos contra la indiferencia ante las necesidades de los que nos rodean, especialmente las necesidades pastorales de la Iglesia local.

La ilusión de pensar que, debido a que las profecías u otros carismas recibidos por alguien provienen de Dios, por ello no requieren de discernimiento o de supervisión es una tentación peligrosa de soberbia espiritual. Como pone de manifiesto la Sagrada Escritura, cada carisma es objeto de discernimiento (1.° Cor 14,21; 1.° Tes 5,21; 1.° Jn 4,1). Nadie es dueño de los carismas que ha recibido. “Ningún carisma dispensa de la relación y de la sumisión a los Pastores de la Iglesia”.[114]

5.4 Divisionismo

Finalmente, todos los bautizados en el Espíritu, y especialmente los líderes, deben permanecer vigilantes en contra de lo que a menudo ha causado grandes daños en la Renovación Carismática y en la Iglesia: el divisionismo. Incluso en el siglo I, san Pablo tuvo que amonestar a los cristianos de Corinto por su espíritu partidista, la "envidia y disputas" que demostraron que ellos todavía eran "de la carne" (1.° Cor 1, 10; 3, 1-3). En la Renovación Carismática, las diferencias sinceras de opinión entre los líderes a veces han degenerado en amargos desacuerdos y en desintegración de grupos o comunidades de oración. Sembrar la desunión es la máxima táctica de Satanás para boicotear la obra de Dios. No obstante, Jesús oró en la víspera de su pasión "que todos ellos sean uno, así como tú, Padre, estás en mí y yo en ti" (Jn 17, 21). En la medida en que cada persona se rinda ante la obra purificadora del Espíritu, que produce el fruto de la humildad, la tolerancia y el amor, habrá un lazo de unidad más fuerte que cualquier fuerza divisoria. La petición de Pablo sigue siendo válida hoy en día:

> Si quieren consolarme en Cristo, si quieren darme el consuelo de la caridad, si entre nosotros hay comunión de espíritu, si tienen corazón compasivo, llénenme de alegría teniendo todos el mismo pensamiento, el mismo amor, la misma alma, el mismo sentimiento (Flp 2, 1-2).

Conclusión

El don del Bautismo en el Espíritu y la transformación que ha hecho en muchas vidas desde la aparición en 1967 de la Renovación Carismática Católica, son motivo de gran alegría y agradecimiento a Dios. Uno puede ver en estos avances una parte de la respuesta celestial a la oración que el papa san Juan XXIII pidió que todos los católicos rezaran durante el Concilio Vaticano II: "¡Señor, renueva tus maravillas en nuestro días como en un nuevo Pentecostés!".

Desde entonces, los papas han hablado de manera consistente y enfática de la necesidad que tiene la Iglesia de reavivar el fuego de Pentecostés. En respuesta a la pregunta sobre qué es lo que la Iglesia necesita más, Pablo VI respondió: "El Espíritu, el Espíritu Santo... La Iglesia tiene necesidad de un perenne Pentecostés: necesita fuego en el corazón, palabra en los labios, profecía en la mirada". En 1998, san Juan Pablo II exhortó a casi medio millón de representantes de movimientos laicales reunidos en Roma de la siguiente manera: "Hoy, a todos ustedes, reunidos en la plaza de San Pedro, y a todos los cristianos quiero gritar: ¡Ábranse con docilidad a los dones del Espíritu! ¡Acojan con gratitud y obediencia los carismas que el Espíritu concede sin cesar!".

El papa Benedicto ha continuado este mensaje insistente. En 2008, en la Jornada mundial de la juventud en Australia, proclamó: "Juntos invocaremos al Espíritu Santo, pidiendo con confianza a Dios el don de un nuevo Pentecostés para la Iglesia y para la humanidad del tercer milenio".[115] Durante su visita a Estados Unidos ese mismo año, el Papa rezó: "Queremos implorar de Dios la gracia de un nuevo Pentecostés para la Iglesia en América. ¡Que desciendan sobre todos los presentes lenguas de fuego, fundiendo el amor ardiente a Dios y al prójimo con el celo por la propagación del Reino de]Dios!".[116] Al comienzo del Sínodo especial para África, declaró: "Pedimos que Pentecostés no solo sea un acontecimiento del pasado, el primer inicio de la Iglesia, sino que acontezca hoy, más aún, ahora: 'Nunc Sancte nobis Spiritus'. Pedimos al Señor que realice ahora la efusión de su Espíritu y recree de nuevo a su Iglesia y al mundo".[117]

Con toda la Iglesia, quienes pertenecen a la Renovación Carismática Católica confiadamente piden al Padre un renovado derramamiento del Espíritu en el tercer milenio y una amplia difusión del don que ya le ha otorgado, especialmente para encender la nueva evangelización. "¡Ven, Espíritu Santo, llena los corazones de tus fieles y aviva en ellos el fuego de tu amor!".

Notas

Introducción

(Endnotes)

[1] Mensaje *Regina Coeli,* 11 de mayo de 2008.

[2] Ibid. En otro mensaje el Papa señaló que Jesús, desde el momento de su bautismo, "fue revelado como aquel que venía para bautizar a la humanidad en el Espíritu Santo: venía a traer a los hombres la vida en abundancia (cf. Jn 10, 10)." (Benedicto XVI, Homilía, 13 de enero de 2008).

[3] En inglés, el término "derramamiento del Espíritu" se utiliza generalmente para un acontecimiento colectivo como el acontecimiento de Pentecostés que se describe en Hechos 2 o como el fin de semana de Duquesne. El término "Bautismo en el Espíritu", por el contrario, se utiliza generalmente para una experiencia individual (véase la sección 1 de la tercera parte). [Aunque el término "efusión del Espíritu" es más común en lengua española, este libro hace una distinción entre la palabra inglesa *outpouring y effusion,* tal como se explica en la tercera parte. (N.T.)].

[4] David Barrett, George Thomas Kurian y Todd M. Johnson, *World Christian Encydopedia: A Comparative Survey of Churches and Religions in the Modern World,* 2ª ed. (Oxford: Oxford University Press, 2001).

[5] "Históricamente, este 'despertar' viene a nosotros del Pentecostalismo clásico, así como del generalmente denominado Neopentecostalismo". (Cardenal León José Suenens, *Ecumenismo y Renovación Carismática: Orientaciones teológicas y pastorales*). La versión en inglés, *Ecumenism and Charismatic Renewal: Theological and Pastoral Orientations,* Malines Document 2 [Ann Arbor, Mich.: Servants Books, 1978], 19, está disponible en www.stucom.nl/algemeen/alldocnl.htm.

[6] Cardenal Walter Kasper, "El Bautismo en el Espíritu desempeña para ellos un papel fundamental" (Discurso dirigido al Colegio cardenalicio, 23 de noviembre de 2007). [Disponible en www.vatican.va (N.T.)]

[7] Véase Cecil M. Robeck, Jr., *The Azusa Street Mission and Revival: The Birth of the Global Pentecostal Movement* (Nashville, TN: Thomas Nelson, 2006); Alian H. Anderson, *An Introduction to Pentecostalism: Global Charismatic Christianity* (Cambridge: Cambridge University Press, 2004).

[8] Foro del Centro de Investigación Pew sobre Religión y Vida Pública, "Pentecostalismo", Disponible en inglés en http://pewforum.org/docs/?DocID=140.

[9] *Novo Millennio Ineunte,* 40.

[10] Benedicto XVI, Carta acerca de la Fraternidad San Pío X, 10 de marzo de 2009.

[11] *Guidelines on Prayers for Healing,* revised edition (Rome: ICCRS, 2012). [Disponible en español (N.T.)]

Primera parte: Características y frutos

[12] El término renovación carismática (en minúsculas) se utiliza aquí para referirse a una corriente de gracia que ha estado presente en muchas tradiciones cristianas desde el renacimiento de la calle Azusa en 1906, a diferencia de la Renovación Carismática Católica como un movimiento organizado en la Iglesia católica.

[13] La afirmación de este carácter supremo de la acción de Dios en el Bautismo en el Espíritu no debe ser entendida como sustitución o distracción del carácter esencialmente mediado del don de Dios de guardar la gracia a través de la Iglesia, el orden sacerdotal, la liturgia y los sacramentos (véase la sección 4 de la Tercera parte).

[14] Patti Gallagher Mansfield, *As by a New Pentecost* (Steubenville, OH: Franciscan University Press, 1992), 25-26. [Disponible en español con el título *Como un nuevo Pentecostés* (N. T.)].

[15] Véase especialmente *Ecclesia in America,* 8-12.

[16] Véase *Lumen Gentium,* especialmente 2-4; y *Sacrosanctum Concilium,* especialmente 5-6. En el *Catecismo de la Iglesia católica,* véase la enseñanza sobre la Iglesia como Pueblo de Dios, Cuerpo de

Cristo y Templo del Espíritu Santo (781 - 810) y la sección introductoria sobre la liturgia y los sacramentos (1077 - 1090).

[17] Muchas de las canciones compuestas dentro de la renovación carismática tienen una inspiración bíblica básica, incluyendo muchas que son versiones de los salmos expresadas con música y palabras contemporáneas.

[18] Véase *Sacrosanctum Concilium,* 7.

[19] Hay otras listas de carismas en el Nuevo Testamento, pero la Renovación ha dirigido especial atención a los que Pablo llama "dones espirituales" en 1.° Cor 12 (véase la sección 2.3 de la segunda parte).

[20] "Los carismas habían desaparecido no tanto de la vida de la Iglesia como de su teología". (Raniero Cantalamessa, presentación en el Coloquio Internacional sobre carismas y Renovación Carismática, Roma, abril de 2008; publicado en francés como *Dons et Charismes dans la foi et la vie de l'Eglise* [Nouan-le-Fuzelier, France: Editions des Béatitudes, 2009], 68).

[21] En la Renovación también ha habido numerosos informes de un milagroso don de lenguas, en donde el hablante se ha expresado de modo inteligible en un idioma desconocido para él, pero conocido para el oyente. Por ejemplo, el padre don Louis Leloir, O. S. B., experto en lenguas bíblicas, relata que en un encuentro de oración carismática se asombró al escuchar a una joven mujer que, sabiendo solamente francés, dirigió una oración a la Virgen María en un fluido siríaco antiguo. Leloir, *Désert et communion,* Spiritualité Orientale, n. 26 (Bégrolles en Mauges, France: Abbaye de Bellefontaine, 1978), 230.

[22] *Lumen Gentium,* 12. Véase *Vatican II: The Conciliar and Postconciliar Documents,* ed. A. Flannery (Dublin: Dominican Publications, 1975), p. 363.

[23] Este aspecto se trata más detalladamente en el documento Directrices para las oraciones de sanación [*Guidelines on Prayers for Healing,* revised edition (Rome: ICCRS, 2012)].

[24] Véase Mt 8, 16; 10, 8; Mc 1, 34; 6, 13; 16, 17-18; Hch 5, 16; 8, 7; 10, 38; 19, 12. El asunto fue abordado directamente en la ponencia de Rufus Pereira en el Coloquio Internacional sobre la oración de sanación, realizado en Roma en el 2001: "Exorcism and Deliverance for Healing, Reconciliation, and New Life", in *Prayer for Healing* (Rome: ICCRS, 2003), 237-251.

[25] Las cuestiones pastorales suscitadas por estos ministerios fueron tratadas en el documento *Directrices para las oraciones de sanación* [*Guidelines on Prayers for Healing*] y son abordadas brevemente en la cuarta parte de este libro.

[26] Raniero Cantalamessa señala que muchos movimientos de renovación del pasado "terminaron en cisma y se convirtieron en sectas, en vez de renovar a la Iglesia"; no obstante eso, "esto no ha ocurrido con la Renovación Carismática Católica, y debemos dar crédito por esto más aún a la valentía de papas como Pablo VI, san Juan Pablo II y Benedicto XVI, que a los miembros de la Renovación". (Cantalamessa en su presentación en el Coloquio Internacional sobre el Bautismo en el Espíritu Santo, Roma, 17 - 20 de marzo de 2011.

[27] Véase Paul Josef Cordes, *Llamada a la santidad. Reflexiones sobre la Renovación Carismática Católica* (Collegeville, Minn.: Liturgical Press, 1997), 38.

[28] *Evangelii Nuntiandi,* 75.

[29] "La Renovación en el Espíritu, como la contemplamos hoy en día, se manifiesta como un acontecimiento sustancialmente similar en la mayoría de las Iglesias cristianas y sus denominaciones". (León José Suenens, *Ecumenismo y Renovación Carismática,* 21).

[30] "Cuando los cristianos rezan juntos, la meta de la unidad aparece más cercana". (*Ut Unum Sint,* 22).

[31] *Ecumenismo y Renovación Carismática,* 19.

Segunda parte: Fundamentos bíblicos y patrísticos

[32] Cf. Jn 16, 14-15; Rm 8, 26. El término hebreo para el Espíritu de Dios, *ruach,* puede significar espíritu, viento o soplo. En el Antiguo Testamento, el Espíritu de Dios se refiere al soplo divino que hace de la carne inerte seres humanos vivientes (Sal 104, 30; cf. Ez 37, 10.14) y que faculta a la gente a hacer obras excepcionales (Ex 31,3; Jue 14,6).

[33] Véase, por ejemplo, Gén 4,1; Is 47, 8; Jr 16, 21; Os 6, 3.

[34] Este pasaje también puede leerse con diferente puntuación: "El que tenga sed, que venga a mí y beba. Del que crea en mí, así como dice la Escritura, 'brotarán de su pecho manantiales de agua viva'." En este caso el *creyente* se convierte en un manantial del que fluye el agua vivificante del Espíritu; en el otro caso, Jesús es el manantial. Ambas interpretaciones son legítimas.

[35] Nótese el paralelo con la venida del Espíritu sobre Jesús en su propio bautismo, cuando él estaba en oración (Lc 3, 21-22).

[36] Hch 1, 8 sirve como una especie de índice: después de que el Espíritu es derramado en Hch 2, el Evangelio es proclamado "en Jerusalén" en Hch 2-7, "en Judea y en Samaría" en Hch 8-12, y "hasta los confines de la tierra" -es decir, tan lejos como Roma- en Hch 13,28.

[37] Véase también la teofanía a Elías en el Monte Horeb (Sinaí) en 1.° Re 19, 11-13.

[38] Hch 6, 56; 9, 10-16; 10, 3-6. 9-20; 16, 9; 18, 9; 22, 17-21; 23, 11.

[39] Nótese que Lucas utiliza una amplia variedad de términos para designar la venida del Espíritu: la gente es "bautizada en el Espíritu Santo" (Hch 1, 5; 11, 16); ellos "se llenaron del Espíritu Santo" (2, 4; 9, 17; 4, 31); ellos "reciben el Espíritu Santo" (2, 38; 8, 15-19; 10, 47; 19, 2); el Espíritu es "derramado" (2, 17-18. 33; 10, 45); el Espíritu "desciende" (8,16; 10, 44; 11,15) o "baja sobre" ellos (1, 8; 19,6); Dios "da" el Espíritu (5, 32; 8, 18; 11, 17; 15, 8).

[40] Hch 2, 47; 3, 8; 4, 21; 5, 41; 11, 18. 23; 13, 48. 52; 15, 3; 16, 23-25; 21, 19-20.

[41] Hch 2, 4. 11; 10, 44-46; 11,27-28; 19, 6; 21, 9-11; 15,32-33; 13, 1-3.

[42] Hch 4, 13. 31; 5, 18-25. 40; 7, 60; 8, 3; 12, 1 -3; 16, 23; 20, 22-23; 28, 31.

[43] Lucas no explica por qué es necesario este segundo paso, pero una posibilidad es que la misión de Felipe en Samaria fue un nuevo paso para la Iglesia primitiva, el cual debía ser confirmado oficialmente por los apóstoles. Lucas no indica que solo los apóstoles pueden orar por otros para recibir el Espíritu. En Hch 9, 17, Pablo recibe el Espíritu de las manos de Ananías, que es descrito simplemente como un "discípulo".

[44] Véase el *Catecismo de la Iglesia Católica,* 1315.

[45] James D. G. Dunn, *Jesús and the Spirit,* 2nd ed. (Grand Rapids: Eerdmans, 1997), 226.

[46] La fe y la esperanza en su forma actual acabarán en la eternidad, porque "¿quién espera lo que ve?" (Rm 8, 24; véase 2° Cor 4, 18; 5, 7), pero en esta vida son, junto con el amor, el cimiento sobre el que se construye el edificio de la Iglesia.

[47] George Montague, *The Holy Spirit: Growth of a Biblical Tradition* (New York: Paulist: 1976), 155.

[48] El tratamiento más exhaustivo del Bautismo en el Espíritu en la Iglesia primitiva es el estudio realizado por Kilian McDonnell y George T. Montague, *Iniciación cristiana y el Bautismo en el Espíritu: Evidencias de los primeros ocho siglos (Christian Initiation and Baptism in the Spirit,* Collegeville, Minnesota: Liturgical Press, 1994). Véase también la respuesta de Norbert Baumert, *Charisma - Taufe - Geisttaufe* (Würzburg: Echter, 2001).

[49] San Cirilo de Jerusalén, Lecturas catequéticas, 17.19, citado en Raniero Cantalamessa, *La sobria embriaguez del Espíritu* (Madrid: Sereca, 1999), 2-3.

[50] Citado en Cantalamessa, *La sobria embriaguez del Espíritu,* 1.

[51] *Sermón* 267.3. Véase también san Agustín, *Sermón* 225.

[52] San Justino Mártir, Diálogo con Tritón, 29.1; Orígenes, *Homilías sobre Jeremías,* 2.3; Dídimo el Ciego, *Sobre la Trinidad,* 2.12; san Cirilo de Jerusalén, *Lecturas catequéticas,* 17.18.

[53] *Protocatequesis,* 12.

[54] *Comentario al Evangelio de Mateo,* 2,6. Véase también *Lecturas catequéticas,* 3.1,3; Diadoco de Fótice, *Cien capítulos,* LXXVII (Sources Chrétiennes 5 bis), 135.

[55] *Tratado a Donato sobre la gracia de Dios,* parafraseado por Anne Field en *From Darkness to Light. What It Meant to Become a Christian in the Early Church* (Ann Arbor: Servant, 1978), 190-92.

[56] *Diálogo con Tritón.*

[57] *Contra los herejes,* 5.6.1.

[58] *Contra los herejes,* 2.32.4.

[59] *Sobre el Bautismo,* 20.

[60] *Lecturas catequéticas,* 17.19; 18.32; cf. 17.37.

[61] *Sobre la Trinidad,* 2.35.

[62] *Tratado sobre los Salmos,* 64.14-15.

[63] Para otras hipótesis sobre por qué se produjo el descenso, véase McDonnell and Montague, *Christian Initiation,* 116-132.

[64] *Retractaciones,* I.13.7.

[65] *La ciudad de Dios,* XXII.8.

[66] *La ciudad de Dios,* XXII.8.

[67] *Sermón* 88.2.

[68] *Segunda Apología* 6.5-6.

[69] Los Padres no relacionaban el júbilo con "hablar en lenguas" (glosolalia), probablemente porque ellos asociaban a las lenguas con el fenómeno de Pentecostés narrado en Hechos 2, donde las lenguas se escucharon como lenguajes humanos reales y no como discursos no conceptuales.

[70] *Enarraciones sobre los Salmos,* 99.4.

[71] *Enarraciones sobre los Salmos,* 97.4.

[72] Moralia, 8.89; cf. 24.10; 28.35. Véase también a Pseudo-Jerónimo, *Breviarium in Psalmos,* XXVI; Casiodoro, *Expositio Psalmorum* 32.3; 80.1; 97.5; Isidoro de Sevilla, *Opera Omnia,* V.43

[73] Véase Tertuliano, *Apología,* 39; Egeria, *Itinerarium Peregrinatio,* 92; F. Van Der Meer, *Augustine the Bishop* (New York: Sheed and Ward, 1961), 339.

[74] Los místicos medievales tales como Richard Rolle (1300-1349) escritura de júbilo: "en lo más profundo de su ser es la alabanza de Dios y canto jubiloso, y su alabanza estalla en voz alta"; Dios "revelaría a mí la canción me largo a entender, y él claro y claro mi alegre grito." Rolle, el fuego del amor, 32-34, Clifton trans Wolters (Harmondsworth, Reino Unido / Baltimore: Penguin Books, 1972), 146, 153. Véase también Santa Teresa de Avila, Castillo Interior, VI.6.10-11.

Tercera parte: Reflexión teológica

[75] Ann Arbor, Mich.: Word of Life, 1974. Disponible en inglés en www.stucom.nl/algemeen/alldocnl.htm.

[76] "Efusión" es una palabra poco frecuente en inglés y no se utiliza generalmente en relación con el Espíritu Santo. "Derramamiento" [en inglés "outpouring" (N. T.)] (al igual que el término alemán "Erweckung", despertamiento [reanimación, inspiración (N. T.)]) generalmente se refiere a un evento colectivo que toca a mucha gente, más que a una experiencia individual. [En razón de estas diferencias léxicas y semánticas, a lo largo de este libro se ha utilizado el término "derramamiento" como sinónimo de "efusión" (N. T.)]

[77] Mensaje *Angelus* en la fiesta del Bautismo del Señor, 13 de enero de 2008.

[78] Esta nueva conciencia de la obra de santificación realizada por el Espíritu amerita un redescubrimiento de los inmensos recursos espirituales de la tradición católica, tanto los que resultan del periodo patrístico como los de las vidas de los grandes santos y de los maestros espirituales: recursos que se necesitan urgentemente para la nueva evangelización. Véase san Juan Pablo II, *Novo Millennio Ineunte,* 33.

[79] El Coloquio Internacional sobre carismas y Renovación Carismática, celebrado en Roma en 2008, ha representado un importante paso adelante para satisfacer esta necesidad, al igual que el previo Coloquio Internacional sobre la oración de sanación (2001). Sin embargo, las contribuciones y los debates demostraron la novedad de este tema. En particular, algunos de los líderes de la renovación testificaron haber tenido que desarrollar su propia comprensión y práctica en un área para la cual su formación no los había preparado.

[80] Véase, por ejemplo, San Agustín, *Tratados sobre el Evangelio de san Juan,* LIV.12.8: Dios "ha despertado en nosotros un gran anhelo por vivir esa dulce experiencia de su presencia dentro de nosotros; ese experiencia la adquirimos conforme al crecimiento diario", y san Bernardo, *Sermones sobre el Cantar de los Cantares* 1.11: "El que no tenga la experiencia, que arda en deseos de poseerla, y no tanto para conocerla como para experimentarla".

[81] Juan Pablo II, Discurso a los participantes en el Congreso Mundial de los movimientos eclesiales, 27 de mayo de 1998. Cursivas en el original.

[82] Juan Pablo II, Discurso a los miembros de los movimientos eclesiales y de las nuevas comunidades, 30 de mayo de 1998.

[83] En la terminología clásica los carismas son entendidos como *gratiae gratis datae* (gracias otorgadas gratuitamente), en distinción a la *gratia gratum faciens* (gracia santificante) impartida a través de los sacramentos. Esta distinción hecha desde la tradición de la Iglesia es

importante para la explicación actual de la relación entre el aspecto institucional y el carismático. Santo Tomás de Aquino trata los carismas extensamente en su *Summa Theologiae,* 11-11, 171-178.

[84] Véase Cardenal Joseph Ratzinger, "Los movimientos eclesiales y su colocación teológica". Conferencia inaugural del Congreso mundial de los movimientos eclesiales, organizado por el Consejo Pontificio para los Laicos. Disponible en inglés en www.stucom.nl/algemeen/alldocnl.htm.

[85] Para una perspectiva ecuménica sobre esta cuestión, consúltese *On Becoming a Christian: Insights from Scripture and the Patristic Writings With Some Contemporary Reflections,* Report of the Fifth Phase of the International Dialogue Between Some Classical Pentecostal Churches and Leaders and the Catholic Church (1998-2006), par. 227-234, published in PCPCU Information Service 129 (2008/III), pp. 206-7. Disponible en www.stucom.nl/algemeen/alldocnl.htm.

[86] Véase el *Catecismo de la Iglesia Católica* 216, 1265-66, 1302-03.

[87] Es importante señalar que el bautismo de infantes es un don invaluable y una tradición inmemorial de la Iglesia (*Catecismo de la Iglesia Católica,* 1250 - 52). En sí mismo, sin embargo, no es suficiente para el florecimiento de la gracia bautismal (*Catecismo de la Iglesia Católica,* 1231).

[88] En la terminología clásica, un sacramento es dado válidamente *ex opere operato* (por el solo hecho de que la acción se lleva a cabo); pero la fecundidad real del sacramento en la vida de una persona es *ex opere operantis* (a partir de la acción de la persona), es decir, depende de factores subjetivos tales como la calidad de la preparación, la efectividad del ministro y especialmente la fe del receptor.

[89] Véase San Agustín, *Sermón* 269.2; Santo Tomás de Aquino, *Summa Theologiae,* III, 67-71, especialmente 69.8.

[90] *Summa Theologiae* I, 43, 6 ad 2.

[91] Exhortación apostólica *Christifideles Laici* (1988), 31. Véase también el tercer criterio para una auténtica "eclesialidad": "El testimonio de una comunión firme y convencida", descrito en *Christifideles Laici,* 30.

[92] Véase Mt 10, 7-8; Lc 9, 2; 10, 9; Mc 16, 15-18; 1.° Cor 14, 1.

[93] Como san Agustín escribió: "El Espíritu se promete no solo a quien no lo tiene, sino también al que ya lo tiene. Pues es dado a quien

no lo tiene, a fin de que lo tenga; y a quien lo tiene, que lo tenga más abundantemente" (*Tratados sobre el Evangelio de san Juan,* 74.2).

Cuarta parte: Cuestiones pastorales

[94] *Catechesi Tradendae,* 19.

[95] Discurso en Bogotá, Colombia, 9 de marzo de 2006.

[96] Este curso puede valerse de títulos diversos, tales como Seminario del Espíritu Santo, Seminario Nueva Vida, Seminario de Nacimiento en el Espíritu, etcétera.

[97] Véase Raniero Cantalamessa, *La sobria embriaguez del Espíritu* 40-41.

[98] Véase *Séminaire de Vie dans l'Esprit* utilizado en Benin, África, suministrado por Jean Pliya.

[99] Sobre los dones de santificación del Espíritu, véase el *Catecismo de la Iglesia católica,* 1831; sobre los dones carismáticos, véanse los números 798-801.

[100] San Juan Pablo II, *Christifideles Laici,* 28.

[101] Pablo VI, *Evangelii Nuntiandi,* 5; san Juan Pablo II, *Redemptoris Missio,* 3.

[102] Paul Josef Cordes, *Llamada a la santidad,* 13.

[103] Ibid., 14.

[104] Ibid., 13. Véase, por ejemplo, Gén 48, 14; Dt 34, 9; 2Re 13, 16; Mc 10, 16; Lc 4, 40; Hch 9, 17; 13, 3.

[105] Véase McDonnell y Montague, *Iniciación cristiana,* 89.

[106] Es importante reconocer que no es que las palabras proféticas proporcionen nueva revelación haciendo que aumente el depósito de la fe, sino que hacen que la revelación inmutable de Cristo cobre vida en una nueva forma para la generación actual.

[107] El cardenal Suenens escribió en 1986: "No captaremos exactamente la gracia propia de la Renovación Carismática que atraviesa la Iglesia, mientras veamos en ella un simple "movimiento" más al lado de otros movimientos espirituales. En realidad no se trata

de un movimiento en el sentido sociológico habitual del término... Se trata en realidad de una 'corriente de gracia'..., de una moción o de un soplo del Espíritu Santo, válido para todo cristiano" (*El descanso en el Espíritu: Documento de Malinas número 6,* 1986, 2. Disponible la versión en inglés en www.stucom.nl/algemeen/alldocnl.htm).

[108] Véase Juan Pablo II, Discurso del 30 de mayo de 1998, y Cardenal Ratzinger en *The Ratzinger Report. An Exclusive Interview on the State ofthe Church* (San Francisco: Ignatius, 1985), 43-44.

[109] Ratzinger, "Los movimientos eclesiales", 50.

[110] Rylko, Discurso en Bogotá, Colombia, 9 de marzo de 2006.

[111] Homilía de las primeras vísperas, 29 de mayo de 2004. Para una compilación de mensajes papales para la Renovación Carismática Católica, véase *"Then Peter stood up..." Collection ofthe Popes' addresses to the CCR from its origin to the year 2000* (Rome: ICCRS, 2000). Muchas conferencias episcopales nacionales también han emitido declaraciones positivas sobre la Renovación; las primeras de estas fueron compiladas en una obra de tres volúmenes por Kilian McDonnell, *Presence, Power, Praise: Documents on the Charismatic Renewal* (Collegeville, Minn.: Liturgical Press, 1980).

[112] Audiencia con los miembros del Comité de Servicio Nacional y del Consejo de la Asociación Italiana Rinnovamento nello Spirito, 14 de marzo de 2002.

[113] Benedicto XVI, Audiencia general del 28 de septiembre de 2005.

[114] *Christifideles Laici,* 24.

Conclusión

[115] Benedicto XVI, XXIII Jornada mundial de la juventud, Sydney, Australia, 23 de julio de 2008.

[116] Benedicto XVI, Homilía en la Catedral de San Patricio, Nueva York, 19 de abril de 2008.

[117] Benedicto XVI, Discurso ofrecido en la inauguración de la Primera Congregación General de la II Asamblea especial para África del Sínodo de los obispos, 5 de octubre de 2009.